단독주택 난방비 월 7만 원대,
이거 실화냐?

서유나, 임상우 지음

쾌적하고 따뜻한 집,
건강한 집,
패시브하우스는 언제나 옳다.

차례

프롤로그　　스스로 판단할 수 있는 능력을 키워야 한다.　　　　10p

[쾌적하고 따뜻한 집]

#01　　**마음먹기**　　　　　　　　　　　　　　　　　　　17p
　　　　집을 짓고 싶으신가요?　　　　　　　　　　　　　18p
　　　　흥분을 가라앉히고 침착하세요.　　　　　　　　　20p
　　　　보는 눈과 듣는 귀를 키워보자.　　　　　　　　　22p
　　　　집짓기를 하고 싶은 이유는 무엇인가요?　　　　　23p
　　　　단독주택은 춥다는데 정말인가요?　　　　　　　　24p
　　　　구조의 선정　　　　　　　　　　　　　　　　　　27p

#02　　**찾아보기**　　　　　　　　　　　　　　　　　　　35p
　　　　설계사무소는 어디를 가야할까?　　　　　　　　　36p
　　　　설계사무소 선정 시 몇 가지 주의할 점　　　　　　38p

#03	상상하기	45p
	설계사무실과의 진행은 어떻게 되나요?	46p
	집이라고 다 똑같은 집이 아니다.	48p
	3L 하우스(판교동 뾰족집)	50p
#04	만들기	69p
	만들기의 시작 준비됐나요?	70p
	평당 얼마예요?	72p
	시공사 선정 시 몇 가지 주의할 점	74p
#05	체크하기(단열)	79p
	추울 때는 완전무장이 진리(외단열)	80p
	단열재의 생김새	86p
	꼼꼼하게 바르고 붙이기	97p
	단열재 두껍다고 다가 아니다.	100p

#06 체크하기(기밀)	**103p**
바람이 통하였느냐?	104p
틈새바람 비켜!(기밀해지는 방법)	107p
숨 쉬는 기계(열회수형 환기장치)	110p
#07 체크하기(창호, 차양)	**115p**
창호, 무엇에 쓰는 물건인고.	116p
유리의 합리적 선택	119p
현관문도 다시 보자.	123p
태양을 피하는 방법(차양장치)	124p
#08 체크하기(열교)	**133p**
열교, 누구냐 넌?	134p
징글징글한 열교 끊어내기	135p

#09	**체크하기(신재생에너지)**	141p
	에너지를 자급자족하다.	142p
#10	**확인하기**	147p
	저에너지 건축설계 시뮬레이션	148p
	팩트체크(난방)	155p
	팩트체크(열화상 카메라)	160p
	팩트체크(태양광)	163p
에필로그	기본에 충실한 집, 알고 보면 어렵지 않습니다.	168p

프롤로그

"스스로 판단할 수 있는 능력을 키워야 한다."

건축설계분야 전문가인 건축사로
대한민국에서 워킹맘, 워킹파파로
서로를 응원하고 믿어주는 남편과 아내로,
여러 가지 역할 속에 살고 있는 우리는
건강에 대한 두려움 없이
무탈하게 잘 살고싶은 마음이 가장 크다.

모두가 마찬가지일 것이다. 백세시대에 가장 큰 관심사도 건강이고 이를 위해 우리는 많은 노력을 한다. 주변 사람들을 보면 꾸준한 운동과 영양제 섭취, 건강한 먹거리를 통한 식이요법 조절, 병원진료와 약의 도움으로 질병 치료 등 내 몸의 건강을 위한 노력을 기울인다. 육체적 건강뿐만 아니라 정신적 건강을 위해 자연을 벗 삼아 캠핑도 즐기고 바다, 숲으로 여행을 떠난다. 하지만 정작 우리가 먹고 마시고 잠자고 긴 시간 생활하는 집을 건강하고 쾌적하게 바꾸고자하는 노력은 많이 기울이지 않는다. 생활환경에 따라 내 몸의 건강상태가 좌지우지 된다는 사실에 대해 심각하게 인지하지 못하는 것이 안타깝다.

2017년 울산대학교 대학원 박사학위 논문을 보면 임신 및 영유아 시기에 곰팡이 노출은 아이의 아토피 피부염 발생과 연관이 있다는 연구결과가 있다. 요즘 주변에서 자주 볼 수 있는 아토피 피부염인 아이들은 태아 때나 영유아시기에 곰팡이가 있는 건강하지 못한 생활공간에 노출되어 고통을 받고 있는 것이 아닌가하는 생각이 든다. 아토피 피부염이라는 것이 수많은 원인이 있고 또 정확한 원인이 없다고 하지만 건강하지 못한 환경도 일부분 어쩌면 많은 부분 영향을 주었으리라 예상된다. 그리고 대기의 미세먼지와 초미세먼지 수치가 오르고 외출 시 마스크 착용이 필요하다는 심각성은 있지만 미세먼지만큼 유해한 요소들이 내가 살고 있는 집에 있다는 현실의 심각성은 미비하다. 비염, 인후염 등 호흡기 질환이 생기고 감기에 자주 걸리는 등 몸에서는 신호를 보내며 우리에게 알려주고 있는 것이니 모른척 해서는 안된다.

건강한 집에서의 삶이 운동이나 영양제 섭취의 노력보다 중요하다고 생각된다. 집은 만남의 장소이며 놀이터이면서 밥도 지어먹고 대화하며 휴식을 취하고 잠을 자는 공간이다. 때로는 업무처리도 가능하므로 하루 중 머무는 시간이 그 어느 공간보다 길다고 할 수 있다. 머무는 시간이 길어지는 만큼 건강이 지켜져야 하므로 어떠한 집을 짓고 살아가야 하는지가 중요하겠다.

집을 판단할 때 외관과 인테리어가 우리의 눈을 현혹시키지만 그 집이 건강한 집인지 아닌지를 구별할 수 있는 기준은 아니다.

눈에 보이지 않지만 결과적으로 우리를 건강하게 만들어주는 보석같은 부분들을 더 신경 쓰고 바르게 지어야 쾌적하고 따뜻한 집, 건강한 집이 될 것이다. 내 몸의 장기, 혈관들이 안보여도 신경 쓰고 관리하지 않으면 탈이 나는 것처럼 집도 마찬가지라는 것을 집을 지으려고 하는 예비 건축주들에게 알려주고 싶었다. 이 책을 읽은 후 외관보다는 내실을 더 다지는 건축주, 안 보이는 부분에 더 많은 신경을 쓰는 건축주가 많아지길 기대해 본다.

예비 건축주들을 만나서 대화를 해보면 건축에 관심이 전혀 없던 사람들이 대부분이다. 이제 관심을 갖으려고 하지만 어떻게 해야 하는지 방법을 모르겠고 큰 마음먹고 집짓기 관련 책을 구매하였으나 쉽게 읽혀지지 않는다고 한다. 집짓기에 대해 큰 틀에서 쉽게 다가갈 수 있는 내용이 필요하다는 생각이 들었고, 문맥을 이해하기 어려운 어린아이를 제외한 가족 구성원 중 누가 읽어도 고개를 끄덕일 수 있도록 하는 것에 목적을 두었다.

패시브하우스, 단독주택, 공동주택 등 집에 대해 10여 년동안 고민하며 설계, 감리한 경험과 쾌적하고 따뜻한 집, 건강한 집을 위한 패시브하우스 관련 교육을 이수한 경험을 바탕으로 집짓기에 대해 쉽게 설명한 글이라는 것을 참고하기 바란다.

이 책을 읽은 후 예비 건축주들은 집짓기 과정을 두려워 말고 즐기면서 하나하나의 결정에 있어서 스스로 판단할 수 있는 능력이 꼭 생기길 바래본다. 준비되셨는가. 당신의 판단력으로 쾌적하고 따뜻한 집, 건강한 집의 주인이 될 수 있으니 책장을 넘겨보자.

2018년 5월
서유나, 임상우

[쾌적하고 따뜻한 집]

"마음먹기"

"마음먹기"

집을 짓고 싶으신가요?

집을 지으려면 무엇부터 해야 할까? 토지매매부터 준공까지 모두 내가 가진 자산으로 진행하면 더할 나위 없이 좋지만 그렇지 못한 것이 우리의 현실이다. 개인 자산이 어느 정도 확보되어 있고 땅의 위치, 크기, 주변 편의시설 등을 고려하여 호감이 가고 매매가 가능한 땅을 찾아보자. 찾으면 이자를 감수할 계획으로 금융기관에 방문하여 대출금액의 범위를 알아보자. 신용과 토지담보로 얼마나 대출이 가능한지 검토한 금액과 내 자산을 합친 대략의 금액으로 집짓기 예산을 세워보자. 물론 그 예산안에는 토지관련 비용을 제외한 다른 비용도 함께 고려되어야한다.

집짓기 예산으로 고려해야할 항목으로는 어떤 것이 있는지 대부분의 사람들은 알지 못한다. 모두 다 그렇다고 할 수는 없지만 대략 이런 항목의 비용들이 들어간다.

[집짓기 예산 항목]

토지관련	토지대금	설계관련	건축설계비
	등록세, 취득세		인테리어비
	지방교육세		감리비
	농특세	측량관련	경계측량비
소유권 이전	중지대	건축 인허가 관련	보증보험료
	인지대		면허세
	채권매도		국민주택채권
인입비용	임시전기	토목관련	지질조사비
	전기	시공관련	철거비
	상수도		시공비
	도시가스	보험관련	고용, 산재보험

생각보다 지출항목이 많다. 위의 항목이 거의 다 건축주의 예산에 들어있어야 할 돈들이다. 이제 정신을 똑바로 차려야한다. 한두 푼도 아니고 억 단위의 돈이 왔다갔다해야한다. 집 짓는 일을 쉽게 볼 것이 아니다. 잘못하면 10년이 늙는다고 하는 집짓기이다. 그래도 집짓기를 진행하기로 굳게 결심했다면 이왕이면 10년 젊어지는 쪽으로 집짓기를 해보자.

흥분을 가라앉히고 침착하세요.

토지매매 계약이 성사되면 건축주들의 마음은 들뜬다. 고민에 고민을 거듭하던 커다란 일이 마무리되어 홀가분하고 흥분된 마음으로 설계사무소의 문을 두드린다. 모든 것이 다 된 것 같은 마음은 충분히 이해한다. 그러나 시작은 반이 아니라 시작일뿐이라고 했던가. 이제 고작 빈 토지 또는 기존 건물을 철거해야만 하는 땅만 계약한 상태라는 것을 인지해야한다. 이제 앞으로 아주 많은 일이 일어날 것이고, 수많은 사항을 선택하고 체크하고 그 결과에 대해 책임을 져야한다. 10년 젊어지는 집짓기를 하려면 약간의 공부가 필요하다는 것도 기억하자.

가끔 건축주들과 회의를 해보면 마음이 짠할 때가 있다. 대부분의 건축주들이 본인의 평생재산도 모자라 금융기관의 도움으로 집을 짓는데 제일 궁금한 것은 '언제 끝나요?'이다. 어떻게 되고 있는지, 왜 이렇게밖에 안되는 지는 안중에 없고 관심도 없다. 무엇인가를 선택하고 결정하거나 수정을 요구해야할 때 마음 속이 개운치 않은 상태로 시간은 흐르고 현장은 진행된다. 그렇게 조금씩 조금씩 속앓이가 시작되고 나중에 그 집에서 생활하게 되면 내내 힘들고 신경 쓰여 10년이 늙는 것이다.

실제로 이렇게 말하는 건축주들이 있다. "저는 잘 모르겠고, 그냥 알아서 해주세요." 잘 생각해보시기 바란다. 건축주와 특별한 사이가 아니면 설계자든 시공자든 감리자든 내가 살집이 아닌데 알아서 잘 해주는 사람이 있겠는가? 있다고 해도 알아서 잘 해줘야하는 노력이 필요하니 그만큼 금액이 높아지지 않겠는가? 결국 내 집을 자기 집처럼 알아서 잘 만들어줄 사람은 없다고 생각하고 기대하지 말자. 내 돈으로 지어지는 내 집은 내가 선택, 관리해야하고 나 스스로 그 방법을 익혀야한다. 전문가들에게 조언을 구하고 도움을 받으며 진행할 수는 있겠지만 결과는 내가 책임지고 내가 살아가야하는 것이다.

곰팡이가 생기고 물이 새는 등 제대로 시공되지 못해 하자가 있는 집에서 사는 사람들이 취하는 방법은 두 가지이다. 본인이 꾹 참고 감내하며 이게 내 팔자구나 체념하며 사는 사람이 있다. 이런 사람들은 건강이 많이 상해서 기력도 없고 힘들 것이다. 반면에 돈을 들여 새롭게 리모델링을 하고 매매를 성사시키는 사람도 있다. 이른바 '먹튀'라고 할 수 있겠다. 건물 하자라는 것이 리모델링으로 단기간동안 눈 가리고 아웅은 가능해도 근본적인 해결은 되지 않는다. 그 집을 새로 장만하여 입주한 사람은 불행하게도 하자로 인한 스트레스를 받는 삶으로 악순환의 연속이 된다.

보는 눈과 듣는 귀를 키워보자.

내 집을 잘 짓기위해 스스로 방법을 익혀야한다면 어떻게 해야 할까? 보는 눈과 듣는 귀를 키우면 된다. 건축에 있어서 설계자나 시공자와 같은 전문적인 지식을 단기간 내에 모두 습득할 수는 없지만 사용되는 용어에 대한 개념 이해와 현장에서 진행되는 상황에 대한 이해, 그리고 잘못된 점에 대한 파악은 필수다. 당최 어떻게 진행되고 어떤 수준의 제품으로 내 집을 만들고 있는지 알아야 답답하지 않고 제대로 된 집짓기를 할 수 있다. 그때그때 이해가 안되는 진행상황이나 설계자, 시공자, 감리자가 두루뭉술 넘어가는 부분이 있다면 그것을 짚어내고 수정을 요구해야 한다. 건축은 나중에 수정하기에는 늦다. 거의 불가능하다고 봐야한다.

건축주 입장에서 집짓기를 진행하는 단계마다 어느 정도를 알아야하고 어떤 것은 절대 취하면 안되는 지는 뒤에 체크하기 부분에서 알아보도록 하자.

집짓기를 하고싶은 이유는 무엇인가요?

먼저 집짓기를 결심한 동기부터 정리해볼 필요가 있다. 1980~90년대 들어 아파트 건설이 본격화되고 상품화된 아파트, 빌라 등 공동주택에 거주하는 모습으로 우리네 삶의 방식은 바뀌었다. 필자도 현재 아파트에서 살고 있지만 네모난 창이 빼곡하게 붙어 있는 고층 건물인 아파트는 왠지 정형화되고 삭막해 보이기도 하고 매일 같은 삶이 반복되는 것처럼 지루하기까지 하다. 현재 40대 이상의 사람들은 대부분 단독주택에서 살았던 기억과 그리운 추억이 있을 것이다. 집은 사는 사람들의 풍성한 삶을 담아야하고, 그들의 일상이 즐거운 추억으로 가득하고, 포용할 수 있는 건강한 장소이어야 한다고 생각한다.

그 추억이 그립고 내 아이에게도 땅과 가깝게 생활하는 재미를 알려주고 함께 공유하고 싶은 마음에 집짓기를 결심했다는 분이 있다. 그리고 아파트에 살면서 층간소음에 시달려 스트레스로 사는 게 힘들고, 아이가 아토피를 앓고 호흡기 질환이 생기면서 집짓기를 결심했다는 분도 있다. 가장 합리적인 상품으로 만들어진 아파트에서 정해놓은 곳에 TV를 놓고 같은 곳에 소파를 놓고 그렇게 남들과 같이 맞춰서 사는 것이 싫어서 나만의 집을 짓고 싶은 분도 있다.

그 외에도 각양각색으로 집을 지으려는 나만의 이유가 있을 것이다. 내가 집을 지으려는 이유는 무엇인지 곰곰이 생각해 볼 필요가 있다. 그리고 그 이야기를 꼭 설계자에게 자세히 전달하길 바란다. 그래야 본인은 물론 가족모두가 만족할만한 집이 만들어질 것이다.

단독주택은 춥다는데 정말인가요?

집짓기를 시작하면 두근두근 설레고 기대되면서도 반면에 마음 한켠에는 불안하고 부정적인 생각이 차지하게 된다.

예전에 살았던 주택을 생각해보면 참 추웠다. 자려고 이불을 덮고 누워있는데 코끝이 빨개지면서 입에서 입김이 나왔던 생각도 나고 옷을 여러 겹 입고 생활해도 한기는 계속 되었던 기억이 있다. 그때는 모두가 그랬었다. 지금은 아닐까? 잘 모르고 제대로 짓지 않으면 그때만큼은 아니어도 추운 집에서 살아야할 수도 있고, 아니면 난방비 폭탄을 맞을 수도 있다. 자신이 현재 아파트에서 거주하고 있다면 추위에 대해 단독주택과 동일한 조건으로 비교를 하면 안된다.

다큐에서 자주 보던 황제펭귄의 겨울나는 방법을 생각해보자. 공동생활에 익숙한 수컷들은 혹한을 이겨내기 위해 허들링Huddling이라는 단체 생활을 한다. 허들링이란 황제펭귄들이 한데 모여 서로의 체온을 나누는 방법이다. 서로의 체온으로 추위를 이긴다. 아파트도 마찬가지로 세대끼리 서로의 난방열을 나누며 겨울을 지내는 것이다.

[황제펭귄의 허들링] 1

단독주택은 황제펭귄 한 마리가 혼자여서 허들링을 하지 못하는 상황이다. 나 혼자 동서남북과 위아래에서 불어오는 바람과 추위를 맞으며 겨울을 지내야하는 것이므로 단순하게 아파트와 단독주택의 난방비를 비교하는 것은 의미가 없다.

1 출처_ 이미지 사이언스

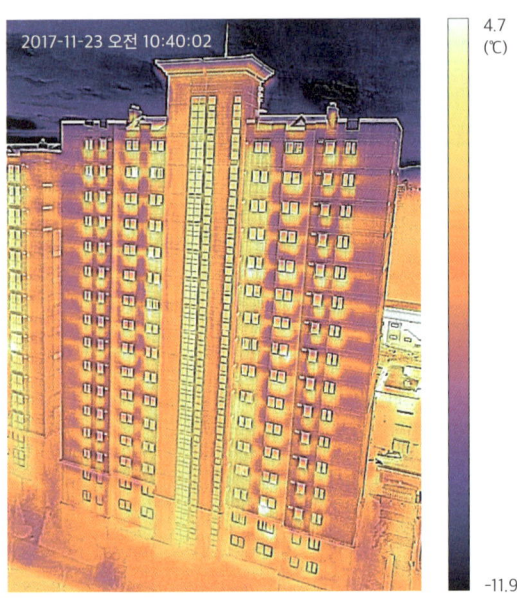

[공동주택 허들링 모습(열화상 카메라 촬영본)]

필자가 이용하는 헤어샵의 디자이너분이 거주하는 단독주택은 겨울철 난방비가 월100만원이 넘게 나온다고 한다. 난방비가 월 100만 원이라니 입이 벌어져 다물어지지 않는다. 그런데 더 슬프고 안타까운 것은 그렇게 비용을 내면 따뜻해야하는데 춥다는 것이다. 걱정이 더해진다. 정말 추운가보다.

어떻게 해야 춥지 않은 따뜻한 단독주택에서 살 수 있을까. 정부에서 2025년 에너지제로하우스(외부로 새나가는 열을 차단하고 신재생에너지를 사용해 외부로부터 별도의 에너지를 사용하지 않는 집, 에너지 소비가 ±0인 집, 현재는 에너지자립률 20% 이상부터 제로에너지건축물 인증)를 목표로 한다는 발표를 하였고 그에 발맞춰 2018년 9월부터 단열기준이 한층 더 강화된다. 그리고 에너지소비를 줄이고 성능을 높이기 위해 기술이 발전하고 새롭게 개발된 많은 자재들이 생겨났다.

법적으로 정해놓은 기본적인 사항을 준수하고 제대로 지으면 추운 집은 아닐 것이다. 그래도 필자는 법적기준보다 조금 더 강화하고 몇 가지 요소들을 추가하여 독자들이 쾌적하고 따뜻하게 생활할 수 있는 건강한 집을 만들기 바란다.

구조의 선정

주택의 뼈대라 할 수 있는 구조의 방식에는 여러 가지가 있다. 경량·중량목구조, 철골구조(스틸하우스), 조적구조, 철근콘크리트구조가 그것이다. 집을 지은 후에 어떤 구조로 만들어졌는지 눈에 보이지 않지만 집을 이루는 뼈대인 구조방식의 선정은 중요하다. 각 구조별로 장단점이 있고 그만의 설계, 시공방식이 있으므로 그 분야를 잘 알고 경험이 많은 설계자와 시공자를 찾아야 하고 만나야 한다.

대부분 주택은 경량/중량목구조 또는 철근콘크리트 구조로 많이 하는 추세이다. 각각의 특징을 알아보자.

1) 목구조
목조주택이라고도 부르는 목구조는 나무로 뼈대를 만든 형태이다. 철근콘크리트구조에 비해 시공기간이 짧고 주택의 벽체가 얇아 사용하는 내부공간이 넓어지는 장점이 있으나 재료가 나무이므로 습기와 해충 등에 의한 손상이 있을 수 있다.

얇고 가벼운 나무로 만드는 경량목구조는 벽이 구조체이기에 넓은 창을 내기에는 다소 무리가 있다.

두껍고 무거운 나무로 만드는 중량 목구조(중목구조)는 최근 많이 사용하는 방법 중 하나이다. 기둥과 보를 두꺼운 목재로 지지하는 방식으로 경량 목구조에 비해 내부공간설계가 자유롭고 넓은 창을 내거나 외장재의 선택 및 지붕의 모양에서 자유롭다. 그러나 시공하는 목수의 기량에 의해 시공의 질이 좌우되고 거의 대부분 일본에서 자재를 들여오는 것이라 경량목구조에 비해 가격이 비싸다. 미리 재단되어 바다 건너온 목재를 현장에서 조립하는 방

[경량목구조]

[중량목구조]

식이 많으므로 공사기간이 많이 단축된다.

나무로 만든 구조라고 해서 다른 재료보다 화재에 취약할 것이라고 생각할 수도 있다. 그러나 건축물에 사용되는 구조재료는 법적 내화기준에 부합되어야하니 크게 염려하지 않아도 된다.

2) 철골구조(스틸하우스)
구조재가 철강재로 되어있고 공장에서 제작된 것을 볼트, 용접 등의 방식으로 현장에서 조립하여 공사기간이 짧다. 그러나 철 자체가 고가의 재료이고 열에 약하여 화재에 취약하다. 철은 녹이 슬어 부식이 되어 변형되기 쉬우며 단열성능이 많이 떨어진다.

3) 조적구조
벽돌, 블록 등을 쌓아올려 만드는 구조방식이다. 지진에 약하여 최근 잘 쓰이지 않고, 칸막이 벽이나 철근콘크리트 구조의 마감재로 사용되고 있다.

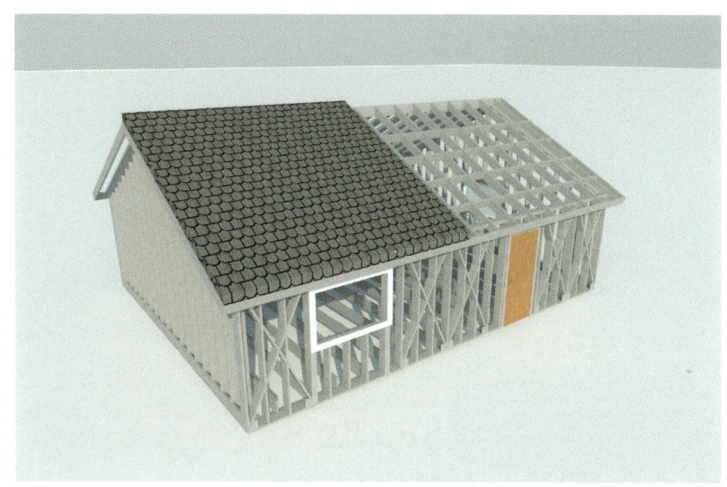

[철골구조(스틸하우스)]

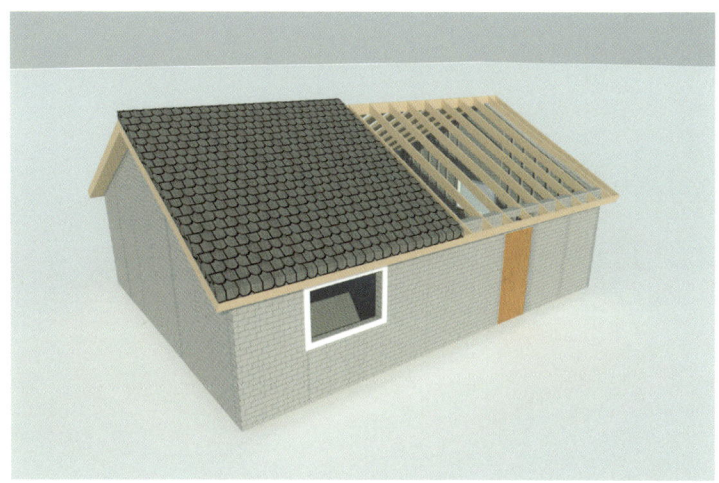

[조적구조]

4) 철근콘크리트조

단독주택뿐만 아니라 아파트, 근린생활시설 등 가장 보편적으로 사용되고 있는 구조로 구조재 중에 가장 튼튼하고 화재에 강하며 지진에도 강하고 차음성도 좋은 장점이 있다.

구조재 중에 장점이 제일 많은 구조이나 공사기간이 다른 구조에 비해 2배 정도 길고 콘크리트 자체 내에 있는 수분이 빠지려면 2~3년이 소요된다. 철근콘크리트조로 진행 시 내부에 실크벽지 마감과 같은 선택으로 콘크리트의 수분이 빠지는 것을 방해하면 곰팡이가 발생할 수도 있으니 꼭 기억해두길 바란다.

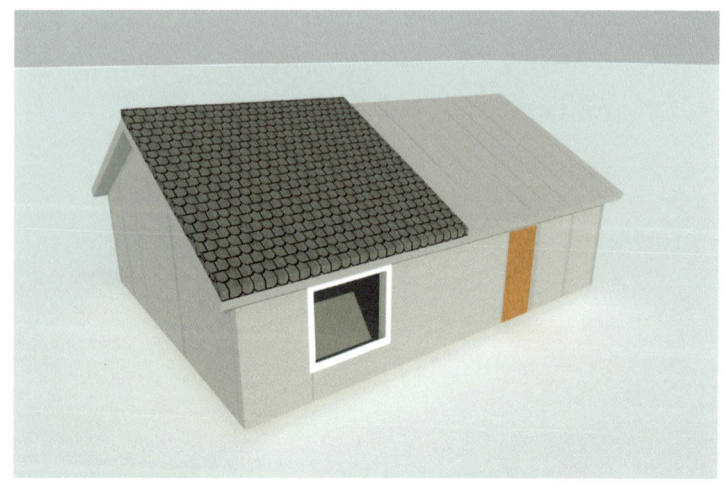

[철근콘크리트조]

대부분 단독주택은 목구조와 철근콘크리트 구조로 많이 하는 추세라고 하였다. 두 가지 중 선택의 고민이 된다면 조금은 개인적인 관점에서 장점이 많은 철근콘크리트 구조를 선택하는 것이 좋고, 공공의 관점으로 지구와 환경을 생각한다면 목구조를 선택하는 것이 좋겠다.

[쾌적하고 따뜻한 집]

"찾아보기"

"찾아보기"

설계사무소는 어디를 가야할까?

부동산에서 토지 매매계약서에 도장을 날인하면 다음 절차는 설계사무소에 설계를 의뢰하는 일이다. 지인의 추천, 언론에 소개되는 유명한 작가, 소/중/대규모 설계사무소, 일명 허가방이라 불리고 집장사라 불리는 곳, 토지를 계약한 부동산의 소개 등 수많은 설계사무소가 있고 건축주들은 집을 짓는 것이 평생 처음이기에 또 고민에 빠지게 된다. 큰일이다. 땅 보러 다니며 고민한 것이 엊그제인데 또 다른 고민이 생겼다.

필자가 추천하고 싶은 방법은 다음과 같다.

먼저 지어진 집을 많이 보러 다녀라. 도심에 짓기를 희망한다면 주말에 가족이 나들이 하듯이 판교, 동탄, 수지, 별내 등 택지개발로 단독주택이 밀집되어있는 장소에 가서 돌아보고, 전원생활을 꿈꾼다면 양평, 가평, 수동 등을 돌아보자. 호감이 가는 집은 사진을 찍어두고 어디서 설계하였는지를 알아본 후 그 설계사무소에 연락하여 상담을 받아보는 것이 좋겠다.

여건상 발품을 팔 시간을 낼 수 없다면 인터넷으로 먼저 집을 많이 찾아보라. 요즘 각종 블로그나 홈페이지, 인터넷, 책, 잡지 등 검색만 하면 수많은 이미지들이 쏟아진다. 그 집에 대한 위치, 크기, 마감재 등 소개도 자세하게 잘되어있다. 호감가는 이미지는 캡처를 해놓고 향후 참고이미지로 설계자와 시공자에게 보여줘도 좋고, 최종으로 몇 군데를 뽑아서 가족들과 현장답사를 가서 직접 눈으로 봐도 좋겠다.

사람 관계도 그러하듯이 직접 만나서 대화를 나눠보면 나와 맞는지 아닌지 느낌이 온다. 사무실이 유명하다고 해서 무조건 좋은 설계가 되는 것은 아니다. 계획해놓은 예산안에서 해결해야 하고 설계비도 예산과 맞아야하며 건축주와 대화가 통해야하고 나름 소신을 갖고 설계에 임하는 사무소여야 한다.

설계사무소 선정 시 몇 가지 주의할 점

먼저 내가 지으려는 곳과 너무 동떨어져있는 위치의 설계사무실은 피하는 것이 좋다. 땅의 위치와 가까워야 현장에 방문하기가 쉽고 향후 건축주, 설계자, 시공자, 감리자의 미팅이 이루어지는 것도 수월하다.

단독주택 설계는 짧게는 3개월부터 길게는 1년 정도 소요된다. 그리고 건축설계사무소에서 설계의 모든 것을 처리할 수 없다. 건축사가 주축으로 외주(구조·설비·전기·통신 등)를 주어 처리해야하는 부분이 있다. 설계비는 똑같은 땅의 설계견적을 의뢰해도 사무실마다 천차만별이다. 저렴한 설계비부터 고가의 설계비까지 차이도 엄청 크다.(설계비는 대략 1천만 원부터 1억 원 이상까지)

이해가 되지 않을 것이다. 그러나 건축설계는 권장소비자가격이 정해져 있는 상품이 아니다. 개인별 맞춤형으로 몰입해야하는 열정을 산정하여 사무실마다 고유의 산정기준으로 설계비 견적을 제작하므로 이를 염두에 두고 예산에 맞고 대화가 잘 통하는 사무실을 선정하면 된다.

싼 게 비지떡인건 다 마찬가지다. 이상하리만큼 설계비가 저렴하다고 생각된다면 설계도면의 수준이 형편없거나 업무의 범위가 작을 것이다. 아니면 그 사무실 직원들의 노동력이 착취당하고 있을지도 모른다. 그래서 계약 시 확인해야할 부분이 있는 것이다. 어떠한 계약이든 계약이라는 것은 정말 중요하고 신중해야 한다. 계약서의 문구 하나하나를 자세히 확인해야 나중에 탈이 없다.

설계사무소와 계약 시 계약서에는 계약의 범위라는 것이 있다. 비슷한 지역의 설계사무실을 비교해봤을 때 범위에 따라 설계비의 차이가 발생하는 경우가 많으므로 꼭 확인하고 체크하자. 설계의 완성도는 기본으로 보자. 이건 건축사의 직업에 대한 개개인의 양심과 소신이므로 여기서 다룰 것은 아니다.

대략 계약서의 업무의 범위는 다음과 같다.

① 계획안 작성(계획설계)
② 건축 인허가 도서작성(중간설계)
③ 공사용 도서작성 및 시방서(실시설계)
④ 공사비 내역
⑤ 패시브기법 적용 및 저에너지 건축설계 시뮬레이션

일명 허가방이라 불리는 설계사무실은 2단계까지의 업무를 한다. 그들이 하는 말은 이러하다. "요즘 시공사들은 기술이 좋아서 허가용 도서만으로도 충분히 지으니 걱정하지 마세요." 어림없다. 말도 안 되는 소리다. 여기서 진행하면 도면과 전혀 다른 집을 갖게 될 것이다. 설계사무소에서 이런 소리를 들었다면 뒤도 돌아보지 말고 나오라는 말을 하고 싶다.

3단계 실시설계까지가 설계도서의 완성이다. 공사용 도서대로 시공이 되어야 하므로 상세한 도면과 시공하는 방식, 제품의 사양까지 문서화 시켜야 한다. 이 도서에 절대적으로 쓰이면 안 되는 용어가 있다. 그러나 너무나 많이 사용되고 있는 것이 바로 '건축주 지정마감'이다. 건축주의 의사를 존중하는 것처럼 보이지만 이건 건축설계사의 책임회피다. 사양을 고려한 마감지정을 생략하고 진행하면 어떻게 될까. 양심 없는 시공사는 최대한 저렴한 것으로 추천하여 이익을 남길 것이고 결국 그 피해는 건축주에게로 돌아간다. '지정마감'이라는 글자가 사용되지 않도록 건축주와 협의하여 결정하고 정리하는 것이 설계사의 업무이므로 꼭 알아두길 바란다.

4단계는 공사비 내역이다. 필자의 생각으로는 4단계까지가 설계계약의 기본적인 업무단계이다. 공사용도서로 물량내역서가 산출된다. 공사용 도서에 구체적인 제품명과 세부규격을 명시하였으니 내역산출에는 문제가 없을 것이다. 이 내역서를 기본 바탕으로 향후 시공사와 미팅을 하고 선정하면 된다. 공사비 내역이 업무에 없다면 시공사 선정 시 참으로 난감하다. 그때 다시 추가 계약을 하거나 별도로 내역사무실에 의뢰를 해야 공사비 내역을 알 수 있으므로 설계사와 계약 시 꼭 고려하여 진행하길 바란다. 사실 이 정도 수준으로 결과물을 받았다면 몇 천만 원의 설계비용이 많은 것은 아니다. 완성도 있는 설계와 내역까지 산출되어 시행착오가 줄었으니 말이다.

5단계인 패시브기법 적용 및 저에너지 건축설계 시뮬레이션은 앞서 이야기한 법적기준보다 조금 더 강화하고 몇 가지 요소들을 추가한 건강한 집을 만드는 방법이다. 물론 5단계의 업무로 인해 설계비와 시공비는 더 상승할 것이다. 이것은 꼭 해야 하는 것은 아니지만 그래도 필자가 추천하는 이유는 초기에 투자를 하여 유지관리비가 적게 드는 쾌적하고 따뜻한 집, 건강한 집을 짓길 바라기 때문이다. 이 방법이 결과적으로 보면 더 경제적일 것이다. 그리고 비용보다 더 중요한 당신과 당신 가족의 건강이 지켜지는 방법이므로 필수 요소라고 생각된다.

패시브기법 설계와 저에너지 건축설계 시뮬레이션 작업은 모든 설계사무소에서 가능한 것은 아니다. 특화된 부분이기에 별도의 교육을 받고 패시브기법의 설계를 경험한 설계사무소를 찾아야 한다. 그 설계사무소는 어디에 있을까? 관심이 생겼다면 한국패시브협회(www.phiko.kr)에 회원사로 등록되어 있는 설계사무소나 사례에 소개된 작품을 설계한 설계사무소의 문을 두드려보시라 말씀드린다.

어떤 건축주의 예산도 넉넉하지 않다. 이것은 당연한 이야기다. 예산이 여유롭지 못하기 때문에 유지관리비가 적게 드는 집이 더 절실할지도 모른다. 절실함이 있다면 어떤 선택을 해야 할지 알 것이다. 비용도 비용이지만 건강한 집에서 나와 가족 모두가 건강한 삶을 살아야 하지 않겠는가. 선택은 본인이 하는 것이다. 그에 따른 책임도 함께 말이다.

"상상하기"

"상상하기"

설계사무실과의 진행은 어떻게 되나요?

집짓기를 하고 싶은 이유는 앞서 이야기한 대로 각양각색일 것이다. 이제 어떠한 집을 바라고 꿈꾸는지 구체화 시킬 차례이다. 인간이 망각의 동물이라는 것은 누구나 아는 이야기다. 한 해 한 해 나이가 들수록 뒤돌아서면 잊어버린다. 생각날 때마다 메모를 해두어야 수월하게 나와 맞는 집을 지을 수 있다. 집짓기는 아파트를 분양받을 때처럼 몇 가지 옵션 중에 고르는 것이 아니다. 가족구성원이 모여 이야기하면서 가족 간의 대화시간도 갖으며 그 과정을 즐기면서 꼭 메모 해두길 바란다.

설계를 진행하면서 계획해놓은 예산을 잊으면 안 된다. 건축주들이 어느 정도의 예산으로 집짓기를 진행할지 설계사에게 꼭 알려주기를 당부 드린다. 처음 계획했던 금액을 잊고 점점 집의 크기도 커지고 형태도 복잡해지면서 실질적으로 예산을 훨씬 뛰어넘는 상상을 하게 될 것이다. 연습을 해볼 수 없는 처음 집짓기이니 당연하다. 경험을 많이 한 설계사가 예산을 알고 있어야 배가 산으로 가지 않는다. 과한 것은 부족하지 않을 정도로, 포기할 것은 포기할 수 있도록 조언을 해드리고 대안을 보여드리니 믿고 알려주시면 된다.

가족들과 살아갈 집이 어떤 모습이기를 상상하며 기대에 차서 많은 이야기를 하고 설계자는 그 이야기를 법적, 기술적 테두리 안에서 최대한 담아낼 수 있도록 검토하여 계획안을 만들어낸다. 스케치, 도면, 투시도, 모델, 참고이미지 등 건축주가 알아보기 쉬운 수단을 활용하여 여러 차례 미팅을 하고 만족할 만한 계획안으로 설계가 완성되면 지자체에 건축허가를 신청하여 허가를 받는다. 규모, 지역 등 상황에 따라 건축신고로 진행되는 경우도 있다. 설계안 완성까지의 기간은 3개월~1년 정도로 건축주와 설계자의 성향에 따라 길면 길고 짧으면 짧은 기간이 소요된다. (허가기간도 지자체의 담당자에 따라 다르다. 허가접수 후 약 2주~4주 정도 예상하면 된다.)

허가도서가 접수된 후에도 건축주와 설계자의 미팅은 계속 된다. 이렇게까지 잦은 만남이 있나 싶을 정도로 만나서 이야기를 나누게 될 것이다. 이제는 집이 제대로 지어질 수 있도록 공사용 도면인 실시설계 도서를 진행해야 한다. 집에 들어가는 모든 자재의 색상, 재질, 형태 등 아주 세밀한 부분까지 선택하여 결정하고 진행하면서 못내 아쉬워하며 머릿속에 자리 잡고 있는 꺼림칙한 부분도 끄집어내어 설계안을 업그레이드 시켜야 한다. 설계자와의 미팅을 부담스러워하거나 힘들어하거나 귀찮아하지 말아야 한다. 설계자가 당신을 해치치 않는다. 만나면 만날수록 당신의 집짓기는 나아질 것이며 바르게 갈 것이다.

집이라고 다 똑같은 집이 아니다.

앞서 살펴본 대로 기본적인 법적 테두리 안에서의 수준으로 집을 지어도 좋으나 몇 가지 요소를 추가하여 필자가 추천하는 패시브설계기법을 적용하면 더 건강한 집을 지을 수 있다.

패시브하우스라는 단어는 어디선가 들어보았을 것이다. 독일에서 시작된 패시브하우스는 하자 없는 건축을 목적으로 만들어졌다. 최소한의 설비에 의존하면서 적절한 실내온도를 유지하고, 생활에 필요한 최소한의 신선한 공기를 알맞은 온도로 공급함으로써 재실자가 열적, 공기질적으로 만족할 수 있는 건물을 말한다고 한국패시브협회는 정의하고 있다. 간단히 설계, 시공비가 증가하여도 유지관리비가 저렴하므로 경제적이면서 쾌적하고 따뜻한 집, 건강한 집이라는 이야기이다.

패시브하우스의 이름에는 몇리터하우스라는 용어를 사용하는데 이게 무슨 말인가 궁금할 것이다. 몇리터하우스라고 말하는 것은 자동차를 고를 때 연비를 따지는 것과 같은 것이다. 3리터하우스란 1m²당 연간 3리터 등유의 연료공급만으로 연중 섭씨 20도의 실내온도를 유지하며 건강하고 쾌적하게 살 수 있는 집이라는 뜻이다. 한국패시브협회 인증 기준으로는 0L(제로하우스)~5.0L 이하를 3개의 등급으로 나누어 인증을 진행한다. 2001년 이후에 지어진 우리나라 건축물이 약 17리터(한국건설산업연구원 2008, 8월호 기술지) 정도라고 하니 비교가 바로 될 것이다.

몇리터하우스라고 정량화 할 수 있는 것이 설계 업무의 범위 5단계에서 패시브기법과 함께 이야기된 저에너지 건축설계 시뮬레이션(에너지샵)이고 그것을 통해 나온 결과이다. 이 시뮬레이션은 집의 성능을 객관적으로 정량화하여 수치로 증명시켜준다. 난방에너지 뿐만 아니라 모든 에너지비용을 계산하여 숫자로 보여주니 집을 짓는 사람에게는 유지비용 절감이 확실하게 예상된다.

3L 하우스(판교동 뾰족집)

필자가 앞으로 설명 시 사례로 제시할 판교동 뾰족집은 10여 년 동안 아파트에서 생활하던 4인 가족이 거주하는 곳으로 다른 분들처럼 단독주택이 추울까봐 걱정하던 건축주 분들이다. 필자는 패시브하우스를 추천드렸고 설계, 시공비의 상승으로 고민을 하였지만 결과적으로 3리터하우스에서 만족하며 살고 계신다.

뾰족집은 지상 2층으로 되어있는 철근콘크리트구조 건물이다. 마감재는 백고벽돌과 징크판넬이고 연면적 222m²(67평)이다.

[판교동 뾰족집 전경]

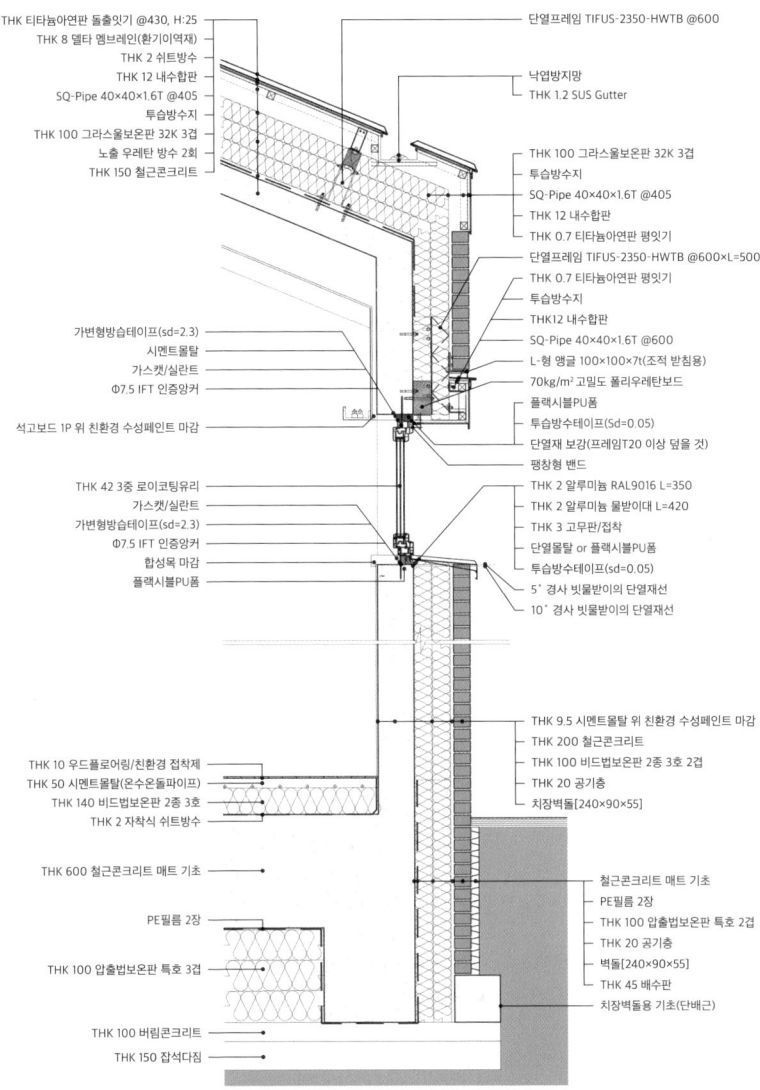

[판교동 뾰족집의 외벽부분 상세도면]

공간구성은 건축주 개개인별로 맞춤형이니 여기서 기본도면을 보여주며 자세하게 설명하지는 않겠다. 보는 눈을 키우기 위해 설계범위 3단계인 실시설계도서(공사용 도면) 중 외벽상세도는 이 정도 수준이라는 것을 예시로 소개하려고 한다. 설계사에서 도면을 납품 받았을 때 상세도 항목은 꼭 있어야하는 필수도면 이다. 공사가 오류 없이 진행되기 위해 상세도는 반드시 필요한 도서이므로 참고용으로 보기 바란다.

설계를 진행하면서 고려한 뾰족집의 몇 가지 특징은 다음과 같다.

1) 다락방 단념

'단독주택이면 당연히 다락방은 있어야 단독주택의 완성 이라 할 수 있지. 다락방은 낭만이 있잖아!'라고 생각하는 사람이 대부분이다. 우리가 너무 많은 영화와 드라마를 본 것인지도 모르겠다.

물론 낮은 다락방을 아이들의 놀이방 겸 책방으로 활용하 며 아이들만의 공간으로 자리매김 할 수 있다. 그러나 아이 들의 나이를 고려해야한다는 것을 간과한다. 부모입장에 서 내 아이는 늘 아기 같다는 마음이 커서 그런 것 같다. 초 등학교 저학년정도의 아이들이 아니면 아무래도 활용성이 떨어진다. 다락방은 법적으로 바닥면적산정에 포함되지 않는 서비스공간이므로 온수난방설치가 불가능하다. 겨울에 난방이 되지 않고 어른은 허리를 굽혀서 다녀야하는 천정고가 낮은 다락방을 진행하는 것은 고민에 고민을 거듭해 볼 문제이다. 자칫 일 년에 한두 번 올라가는 창고로 전락해 버릴 수 있다. 그럴 바에는 수납공간을 더 짜임새 있게 만드는 것이 누이 좋고 매부 좋은 결과이다. 면적은 서비스로 주는 것이지만 시공비용은 다 책정되는 것이므로 진행을 해야 할지 말아야 할지는 잘 생각해보시기 바란다. 예산이 빠듯하니 활용성을 따져 아쉬워도 단념할 부분은 단념하자.

2) 지하층 포기
다락방이 아이들을 위한 공간이라면 아빠들을 위한 지하층을 많이 고려한다. 건강을 위해 운동을 한다거나 와인을 즐기며 영화감상을 하는 장면을 상상한다. 목공과 같은 취미가 있는 분들은 작업실을 생각할 것이다. 지하층 설계에 대해 건축주들이 무엇이 되었든 다 감내하면서도 진행을 꼭 하겠다고 하면 설계자의 입장에서 딱히 할 말은 없지만 감수해야할 것이 상상 이상으로 많다는 것을 알려드린다. 사실 지하층은 도시락을 싸들고 다니며 말리고 싶은 부분이다. 아무리 난다 긴다 하는 설계자와 시공자가 손을 댄다고 해도 누수와 곰팡이에서 100% 자유로

울 수 없다. 잘못된 부분을 바로 잡으려면 많은 시간과 비용이 들어가게 되고, 지하층은 기본적으로 지상보다 1.5배의 시공비가 들어간다는 것을 참고하길 바란다. 생활하는 내내 골칫덩이가 되어버린 지하층으로 입주한지 1년만에 10년이 늙어버릴지도 모른다.

단독주택만이 가질 수 있는 다락도 지하층도 포기하고 단념하는 게 좋다니 힘이 빠지고 너무한다고 생각할지도 모르겠다. 필자는 경험과 실질적 거주하는 분들의 상황을 알려주는 것이다. 선택은 집을 짓는 당신의 몫이다.

3) 햇빛 들이기
뾰족집은 햇빛을 최대한 많이 들이기 위해 법적으로 허용 가능한 크기만큼 남향을 향해 열려있다. 내부 주요실들이 남향을 향해 있고 거실, 주방과 연결된 야외데크도 남쪽에 마련되어 있다.

최고의 치유 에너지라고 불리는 햇볕 쬐기는 다 알다시피 면역력이 높아져 건강한 몸을 만들 수 있다. 창문을 통한 빛도 면역력 향상에 효과가 있으니 햇빛들이기를 적극적으로 할 수 있는 집으로 건강해져 보자.

[남쪽전경(햇빛 들이기)]

4) 실내주차장

단독주택의 경우 주차장을 외부에 두는 것이 일반적이긴 하나 뾰족집은 1층의 사용면적을 포기하고 시공해야 하는 면적이 증가하더라도 실내에 주차장을 두었다. 지하주차장에서 바로 연결되는 아파트에서 살던 분들이고 요즘같이 비와 눈이 많이 내리는 날의 외부 주차장은 속수무책이므로 실내주차장을 계획하였다.

주차 후 필로티 통로로 주현관 출입이 가능하고, 부현관을 통해 다용도실과 주방을 연결시켜 마트에서 장을 본 후 짐을 옮기는 동선을 최대한 짧게 만들었다. 안주인이 아주 만족해하신다.

[실내주차장]

5) 현관문 앞 가벽 설치

이 집은 대지의 두 면이 도로에 접한 모퉁이에 위치한다. 도로에서 현관문이 바로 보이고 그 안이 들여다보이게 되면 아무래도 사생활 간섭이 생긴다. 도로와 현관문 중간에 여

과장치역할의 벽을 세워주었다. 사생활은 보호되면서 벽돌의 쌓기 방식을 조절하여 시선은 차단되지 않도록 하였다.

[현관문 앞 가벽]

6) 모습을 감춘 선홈통

선홈통은 지붕의 빗물을 배수하기 위해 설치하는 홈통으로 기능상 꼭 필요하다. 설치를 안 한다면 지붕에서 땅으로 빗물이 바로 떨어져 소리가 시끄럽고 떨어지는 물에 의해 바닥이나 잔디가 파인다. 겨울에는 지붕 끝에 고드

름이 생겨 위험할 수도 있다. 이러한 기능으로 설치는 필요하지만 어떻게 설치를 해야 하는지 고려하지 않아서 외벽에 달아매어 향후 눈에 거슬리는 경우가 많다. 선홈통이 밉다고 설치를 안 하고 살면서 후회하는 사람도 있다고 한다. 뾰족집은 벽돌마감 면에 맞추어 돌출되지 않으면서 향후 수선이 가능하도록 설치하였다. 기능은 유지하되 돌출되지 않도록 도면에 표기한 작은 관심이 만들어 준 결과이다.

[선홈통 설치]

7) 실내 벽체 친환경 페인트 마감

일반적으로 벽 마감은 벽지를 생각할 것이고 벽지마감이 우리에게는 가장 익숙하다. 이사를 하던지 인테리어를 새로 할 마음으로 제일 쉽게 방문하는 곳이 도배, 장판집이다. 도배집에 상담을 가면 대부분 실크벽지를 추천한다.

실크벽지는 다양한 디자인과 입체적인 질감 표현이 가능하기 때문에 고급스러워 보인다. 물걸레질도 가능하고 변색도 적고 이음매 표시가 잘 안 나고 부드러운 느낌이 난다며 많이 추천하고 많이들 구매한다. 지금 살고 있는 집의 벽은 무엇으로 마감되어있는지 한번 보셔라. 열에 아홉은 실크벽지 마감이리라 생각된다.

실크벽지는 종이위에 PVC재질을 이용하여 코팅한 것이다. PVC재질이란 열가소성 플라스틱의 하나로 '염화비닐수지' 또는 '폴리염화비닐'이라고도 부른다. 실크벽지는 아무래도 이러한 코팅제가 사용되었기 때문에 유해물질이 있고 그 코팅으로 인해 통기성과 흡수성이 약하다. 물이 스며들지 않으니 콘크리트가 완벽하게 마르지 않은 상태에서 실크벽지 시공을 하면 결로(온도가 낮아지면서 표면이 물방울로 맺히는 현상)와 곰팡이가 숨어있게 되는 경우가 생긴다. 결로와 곰팡이에게 최적의 환경을 제공한

셈이다. 환경부가 2018년부터 다중이용시설의 실내공기질 권고기준 항목에 초미세먼지와 곰팡이를 추가했다. 곰팡이는 축농증과 피부, 폐 감염을 일으키고 만성비염, 천식과 같은 호흡기 감염을 일으키며 아토피를 유발한다는 연구도 있다. 이렇게 우리의 몸을 힘들게 만드는 나쁜 곰팡이가 생길 가능성은 열어두지 않는 것이 좋겠다.

실크벽지 시공 말고는 어떤 방법이 있을까? 먼저 예산이 허락한다면 친환경 벽지, 한지벽지를 고려해 보자. 유해물질이 거의 안 나오도록 처리한 친환경 벽지, 한지벽지는 당연히 비싸다. 친환경 벽지로 인증을 받은 성적서나 인증서를 꼭 확인하고 벽지를 붙이는 접착제 또한 친환경 제품인지 확인할 필요가 있다. 친환경 벽지, 한지벽지의 가격이 부담된다면 합지벽지를 사용하는 것도 방법이다. 합지벽지는 비닐코팅이 안되어 있는 벽지이고, 이를 사용한다고 결로와 곰팡이가 안 생긴다는 것은 아니지만 생기는 즉시 바로 눈으로 확인할 수 있으므로 대응이 가능하다.

또 다른 방법은 뾰족집에서 진행한 것처럼 벽체 위에 친환경 페인트 마감을 하는 것이다. 뾰족집은 철근콘크리트 구조라 했다. 콘크리트는 특성상 수분이 다 빠지려면 2~3

년 정도의 시간이 필요하다. 수분이 천천히 증발해야하는데 실크벽지로 막아버리면 결로와 곰팡이가 생기는 것은 안 봐도 비디오다. 콘크리트 벽체에 미장작업 후 친환경페인트의 색상을 선택하여 마감하였다. 콘크리트의 수분은 방해 없이 잘 빠져나가리라 예상된다. 시공 시 벽체의 평활도를 신경 써서 작업한 후에 친환경 벽지, 한지벽지나 합지벽지 마감 또는 친환경 페인트 마감을 하면 눈에 보이지 않는 건강위협자로부터 당신은 안전할 수 있을 것이다.

[콘크리트 미장 후 친환경 페인트 마감]

8) 바닥 마루, 타일 마감

내장마감 중 벽 마감 다음으로 많은 비율을 차지하는 것이 바닥마감이다. 많은 마감재가 있지만 주택의 바닥마감재에는 크게 장판, 마루, 타일 등이 있다.

바닥마감재의 선택도 신중을 기해야 한다. 난방을 하여 바닥이 데워질 때 어떤 재질의 마감재냐에 따라 방출되는 오염물질의 양이 달라진다. 물걸레질이 가능하다는 장점의 비닐장판과 표면에 비닐코팅제가 있는 마루는 유지관리가 쉽지만 화학성분에 의한 유해물질이 있다는 것을 참고하기 바란다. 이렇게 PVC로 마감된 자재라면 겨울 난방을 할 때 휘발성 유기화합물VOCs의 농도가 상승하여 실내공기질이 나빠진다. 고스란히 우리의 호흡기와 피부로 들어와 문제를 일으킨다. 이점을 고려하여 선택하기 바란다.

뾰족집은 주방과 욕실은 타일로 마감하고 그 외에는 합판마루로 마감하였다. 물론 사용한 합판마루는 친환경 제품이고 마루를 시공할 때 사용하는 접착제도 친환경 인증을 받은 제품으로 하였다. 욕실은 바닥 난방이 가능하도록 하여 따뜻한 건식욕실로 사용한다. 생활공간인 주방의 바닥을 타일로 하는 것은 겨울철에는 난방에 있어 초기가열만

되면 따뜻함이 지속되고 여름철에는 시원한 느낌으로 열효율측면에서 굉장히 우수한 선택이다. 그리고 물에 대한 관리가 편리한 장점이 있으나 발에 닿는 감촉에 있어서 개인의 취향에 따라 호불호가 있으니 촉감에 거부감이 없다면 적극 고려해보기를 바란다.

[합판마루, 타일 마감]

9) 가구의 등급 SEO(슈퍼이제로)

우리가 사용하는 가구에도 등급이 있다는 것을 알고 있으신가요? '한우도 아니고 가구에도 등급이 있어?'라고 생각할지도 모르겠다. 나무를 접착제와 섞어 가공해 만드는 가구는 2008년 이후 도입된 '친환경 등급제'에 의해 등급이 분류된다. 이 가구의 등급은 접착제에서 나오는 '포름알데히드'의 방출량을 기준으로 한다. 포름알데히드라는 용어는 많이 들어보았을 것이다. 시중에 판매되는 대부분의 가구에서 '포름알데히드'라는 유해물질이 나오는데 국내가구회사가 유럽 등 선진국 제조사에 비해 3배 정도 더 심하다고 한다.

포름알데히드는 비료, 살충제, 접착제 등 화학제품의 재료로 아토피, 새집증후군의 가장 큰 원인이며 공기 중으로 배출되기까지는 4~5년이 소요된다. 새 가구를 집에 들였을 때 눈이 따갑고 코가 매워지는 경험이 생각나셨으리라. 바로 그것이다.

국내에서 실내용 가구를 만들 때는 E1등급 이상의 목재를 사용하면 현행법에 저촉되지 않는다. 저가 가구 브랜드들은 원가절감을 위해 사용불가 등급은 E2 판재를 아직 사용하기도 한단다. '아 세상에 믿을X이 없구나...' 싶을 것이다. 이제 주방가구, 붙박이장을 설치하시거나 단품으로 가구를 구매할 때 꼭 확인해보시기 바란다. 원목가구에는 접착제가 사용되지 않기 때문에 가구등급분류에 해당되지 않는다.

디자인 보다는 건강이다. 최선의 선택은 비싸고 안전한 원목가구겠지만 늘 최선을 선택할 수는 없는 법이다. 차선의 선택인 싸고 안전한 등급(SE0, E0)의 가구를 선택하여 후회하는 일이 없길 바란다. 가구 구매 또는 제작 시 친환경 자재등급표 또는 시험성적서를 꼭 본인 눈으로 확인하고 진행하길 부탁드린다.

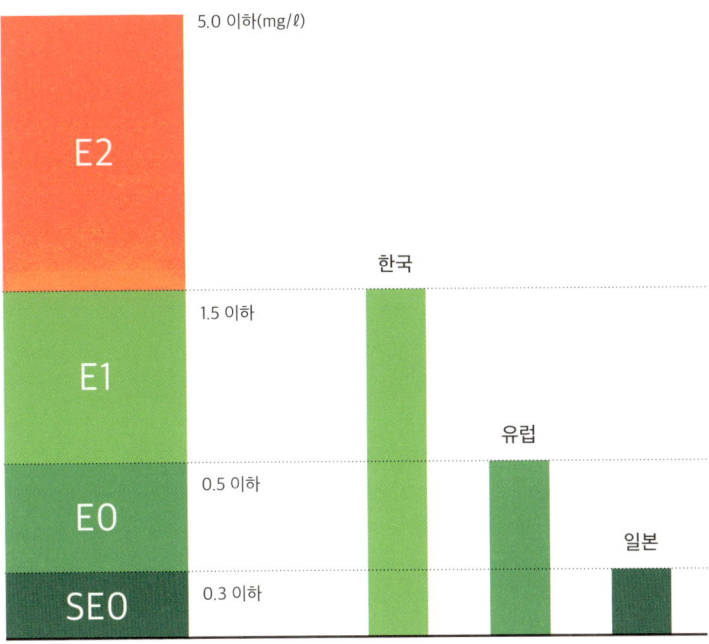

[친환경 가구 등급기준 (포름알데히드 방출량 기준)]

[친환경 자재등급표]

10) 패시브기법 적용

더 건강한 집을 원한다면 초기에 비용이 상승되더라도 패시브기법의 설계와 시공을 하는 것이 좋겠다고 하였다. 뾰족집은 패시브기법을 적용한 3L하우스이다. 패시브기법에는 고단열, 고기밀, 성능 좋은 창호, 열교(열이 통과하는 다리, 단열이 끊어진 부분)없는 디테일, 열회수형 환기장치, 차양시설, 신재생에너지 설치(태양광패널 설치) 등이 있다.

갑자기 머리가 아파오면서 책을 덮어버려야 하나 고민하고 있는지도 모르겠다. 일단 열거된 항목들이 있다는 것만 인정하고 각 부분에 대해서 꼭 체크해야할 부분은 뒤에서 다시 이야기 하겠다.

[쾌적하고 따뜻한 집]

"만들기"

"만들기"

만들기의 시작 준비됐나요?

마음에 드는 좋은 설계로 건축허가의 승인 또는 건축신고가 완료되었다면 다음으로는 그 집을 지어줄 시공사를 선정해야 한다.

나의 집을 도면과 같게 또는 그 이상으로 잘 만들어 줄 시공사를 결정하기는 참 어렵고 힘들다. 설계단계에서 4단계 범위인 물량산출까지 완료되었다면 그 결과를 바탕으로 신뢰와 호감이 가는 몇몇의 시공사에게 견적을 의뢰하여 보자. 시공사도 설계사무소를 선정할 때처럼 많은 조사가 필요하고 선정까지 신중을 기해야하는 일이다. 첩첩산중이란 것이 이럴 때 쓰는 말인가 보다. 아파트처럼 건설사에서 만들어놓은 상품만 사용하다가 쾌적하고 따뜻한 나만의 집을 짓기로 마음먹은 후 고민의 연속이다. 즐겁게 고민하시라. 힘들 때마다 쾌적하고 건강한 집을 지어서 생활할 미래를 상상하시라. 많은 고민 후의 결정일수록 당신의 집은 건강해질 것이다.

좋으면 가격이 비싸고 나쁘면 당연히 가격이 싸진다. 싸고 좋은 것은 없으니 너무 저렴하게 진행하려고 하면 당연히 집은 부실공사로 이어진다. 집의 기본기능보다 문고리같은 사소한 장식에 집중하고 투자한다면 집을 짓고 10년이 늙는다는 말을 실감하게 될 것이니 명심해두길 바란다.

시공사에 견적을 의뢰할 때 시공의 범위도 중요하다. 이미 살고 있는 건축주에게 이 집 얼마에 지었어요? 평당 얼마예요? 라고 많이 물어보았을 것이다. 공사비는 집의 형태와 자재에 따라 다르고 어디까지를 시공비에 포함할 것인가에 따라 차이가 크다. 어느 집은 순수 건축시공비만을 기준으로 하는 집도 있고 거기에 주방가구, 붙박이장 등 가구 설치, 조명기구 설치까지 포함하는 분도 있고 조경공사를 포함하는 분도 있으므로 모두 기준이 다르다는 것을 알고 판단하는 게 좋다.

평당 얼마예요?

너무도 많이 사용되는 말이지만 너무나도 의미 없는 말이다. 집이 개개인 맞춤형으로 다 다르게 생기고 내외부가 각양각색 다른 자재로 되어있는데 그것을 바닥면적인 평을 기준으로 가격을 계산하여 비교한들 무슨 의미가 있겠는가.

[평당 공사비의 이해]

구분	A	B
면적	100m² (약 30평)	100m² (약 30평)
둘레	10m×4=40m	20×2+5×2=50m
체적	300m²	400m²
지붕형태	평지붕	경사지붕

A집과 B집을 보면 분명 면적은 같다. 그러나 둘레도 다르고 체적도 다르며 형태도 다르다. A와 B의 평당 공사비는 당연히 다를 것이라는 것은 누가 봐도 안다. 내외부의 자재가 같다면 더

많은 물량이 들어가고 그만큼 더 오랜 시간동안 많은 시공을 해야 하는 B집의 공사비가 비싸겠네 할 것이다.

상세한 공사용 도면을 주고 견적을 요청했을 때 같은 도면이여도 시공사마다 평당 단가가 확연히 차이가 난다면 그것은 물량산출서와 비교 시 차이가 많이 나는 시공사가 도면 파악을 제대로 안한 것이다. 가격이 제일 저렴하다고 이 시공사와 덜컥 계약하고 집짓기를 진행하면 집은 집대로 망가지거나 계약서에 날인한 금액 이외에 추가로 지불해야하는 금액이 커질 것이다. 배보다 배꼽이 더 커질지도 모른다. 우리에게는 지혜로운 눈이 필요하므로 기준이 될 설계범위 4단계 물량산출서가 꼭 필요하다.

참고로 판교동 뾰족집은 평당 800만원으로 공사가 완료되었으며 건축공사비와 주방, 붙박이가구제작, 조명의 일부, 조경 모두 포함한 금액이다. 이 또한 참고만 하기 바란다. 건축시공비는 형태가 복잡하고 화려할수록 당연히 높아진다. 공사현장을 유심히 살펴보면 알 수 있듯이 하나하나 사람이 직접 만들어내는 것이므로 인건비와 자재비가 거의 전부다. 그러므로 너무 비용을 낮추려들면 당연히 집은 부실시공으로 만들어질 것이다. 시공사가 건축주에게 기부하는 것도 아니고 금전적인 손해를 보면서 진행할 일은 절대 없으니 예산을 벗어났다면 시공비를 너무 낮추려고 하지 말고 오히려 면적을 줄이거나 자재를 바꾸는 방법으로 해결을 하도록 하자.

시공사 선정 시 몇 가지 주의할 점

시공사도 직접 만나서 이야기를 하고 견적에 대한 설명과 그 시공사에서 진행했던 건물들을 살펴보면서 건축주가 직접 판단을 해야 한다. 만약 필자가 추천한 패시브기법을 적용하기로 결정하였다면 패시브하우스 시공에 경험이 있는지의 여부가 제일 중요하다. 패시브하우스를 지어본 시공사를 찾으려면 설계사무소 선정때와 마찬가지로 한국패시브협회(www.phiko.kr)에 회원사로 등록되어있는 시공사나 사례에 소개된 집을 지은 시공사의 문을 두드려보는 것이 좋겠다.

시공사 규모도 체크해 봐야한다. 자금이 잘 회전되는지의 여부도 알아봐야 한다. 단독주택을 시공하는 시공사는 대부분 소규모이다. 그러다보니 자금문제로 시공이 중단되고 시공사 대표와는 연락이 닿지 않는 일도 생긴다. 작정하고 잠적한 사람을 찾기는 힘들다. 그 피해는 다 건축주의 몫인 것이다. 울화가 치밀어 잠을 자다가도 벌떡벌떡 깨며 땅을 치고 후회해도 소용없다. 그 회사가 믿을 수 있는 시공사인지 자금 회전은 잘 되는지는 설계사무소를 통하여 알음알음 알아볼 수도 있고 그 업체가 진행하고 있는 다른 현장을 방문하여 자재업체나 현장관리인을 통해 알아보는 방법도 있다.

시공사도 유명세에 현혹되지 않길 바란다. 지역 집짓기 커뮤니티 카페를 통해 유명해진 시공사들이 있다. 신규 건축주들은 카페에서 기존 건축주들의 평이 좋으니 너도나도 그 시공사에 맡기려 들고 시공사 입장에서는 되도록 많은 일을 처리하려고 가용범위를 넘기게 되는 일도 있다. 시공사의 대표가 진행되는 모든 현장을 관리할 수 없고 각 현장마다 현장소장이 별도로 있게 되는데 현장소장이 어떤 사람이냐는 복불복이기 때문이다.

초반에 이야기했듯이 집의 구조가 어떤 구조인지도 시공사 선정 시 중요한 부분이다. 앞서 주택의 구조에는 경량·중량목구조, 철골구조(스틸하우스), 조적구조, 철근콘크리트구조가 있다고 했다. 목구조와 철근콘크리트를 혼합하는 구조도 있다. 열거한 여러 가지 구조방식을 다 제대로 구현하는 시공사도 찾아보면 있을 수도 있지만 대부분 그 중 하나 또는 두 가지 방식 정도를 잘한다. 그래서 본인이 더 잘하는 방식으로 구조를 변경하려는 시공사도 있고 단열재, 창호 등 제품을 도면에 명기되어 있어도 다른 것으로 바꿔서 시공하려고 하는 시공사도 있다. 다 시공사 본인에게 이윤이 많이 남던지 아니면 더 익숙한 것으로 진행하려고 하는 것이니 참고하기 바란다. 이럴 때 시공 전문가가 알아서 하겠거니 하지 말고 설계사에 의견을 구하고 본인이 충분히 심사숙고 한 후에 결정하는 것이 좋겠다.

집을 짓는 것은 누군가와 경쟁을 하는 시합이 아니다. 경쟁사회 속에서 언제나 빨리빨리를 외치며 살아온 방식 때문이겠지만 집은 누가 더 빨리 짓는가가 아니라 누가 더 바르게 짓느냐가 관건인 것이다. 공사를 시작할 때 공정표라는 것을 만들고 이 공사가 어느 정도 시간이 걸리겠다고 예상은 하지만 그것은 어디까지나 예상일뿐이다. 날씨라는 외부환경과 명절, 연휴 등 여러 조건에 의해 그 공정표대로 진행이 어려워 공사기간이 길어질 수 있다. 기계가 아니고 사람이 하는 일이니 당연한 것이다. 그러나 건축주들은 완공 날짜에만 집중하고 시공사를 닦달한다. 결과는 부실시공이 될 가능성이 높고 현장에서는 잘못된 것이 보이지만 시간에 쫓겨 모르는 척 덮어버리고 넘어가는 경우가 생긴다. 다급하게 진행하여 하자가 생긴다면 그 결과의 몫은 건축주라는 것을 잊지 말고 공사가 시작되었다면 차분하게 느긋하게 기다려주는 건축주가 되길 바란다. 물론 어려운 일이겠지만 느림의 미학을 느끼며 즐기는 모습을 기대해 본다.

[쾌적하고 따뜻한 집]

"체크하기(단열)"

"체크하기(단열)"

추울 때는 완전무장이 진리(외단열)

날씨가 영하 10도 이하로 떨어지면 우리는 완전무장을 하고 집을 나선다. 발열을 해주는 기능성 내의에 상하의는 여러 겹으로 입고 그 위에 국민 롱패딩까지 입어야 좀 안심하고 밖으로 나간다. 목도리와 장갑, 핫팩은 거들뿐.

집도 마찬가지다. 서로 열을 나눌 주변 친구도 없는 단독주택은 나 혼자 살기위해 꽁꽁 싸매야 한다. 집이 따뜻하게 완전무장하는 것을 단열(열의 전달을 차단하는 것)이라고 한다.

집이 완성된 후에 보이지 않는 단열은 반드시 필요하고 중요하기에 체크하기 부분에서 제일 먼저 다룬다. 단열은 시공되는 방법도 단열재의 종류도 여러 가지가 있다. 성능도 각각 다르다.

기억하시라. 단열은 기승전외단열이다.

단열시공 방법에는 외단열, 내단열, 중단열이 있다. 단열재를 안에 붙이느냐 밖에 붙이느냐, 중간에 붙이느냐에 따라 불리는 이름이다. 셋 중 머가 좋으냐고 한다면 당연히 외단열이다. 가끔 내·외 양쪽에 다 시공하여 이중단열이라고 더 따뜻하다고 이야기하는 분이 있는데 그것은 본인의 설계나 시공능력의 자신없음을 숨기려고 포장하는 말이다.

외단열은 외벽, 지붕의 외측에 단열재를 붙이는 방법으로 내단열보다는 느긋하게 따뜻해지지만 온도가 한번 오르면 쉽사리 식지 않아서 에너지효율이 좋고 단열재가 끊어지는 부분이 없이(열교부위가 없음) 연속되므로 결로와 곰팡이로부터 자유롭다. 건강위협자를 차단해주는 고마운 단열법이다. 이리 장점이 많으니 아무래도 가격은 내단열에 비해 비싸다. 외부에서 공사를 해야 하므로 날씨에 의해 크게 좌우되고 장비도 들어가고 사람이 직접 밖에서 작업하니 위험요소도 많다. 그러나 내 건강과 바꿀 수 있는 것은 없으니 집을 지을 때는 꼭 외단열로 진행하기를 바란다.

내단열은 벽체 내면에 단열재를 붙이는 방법으로 비교적 빠른 시간 안에 우리가 설정해놓은 온도로 도달한다. 그러나 온도가 빨리 오른만큼 빨리 식는다. 조금 간사하다고나 할까. 내단열은 실내에서 작업하는 것이므로 시공이 쉽고 가격도 저렴하다.

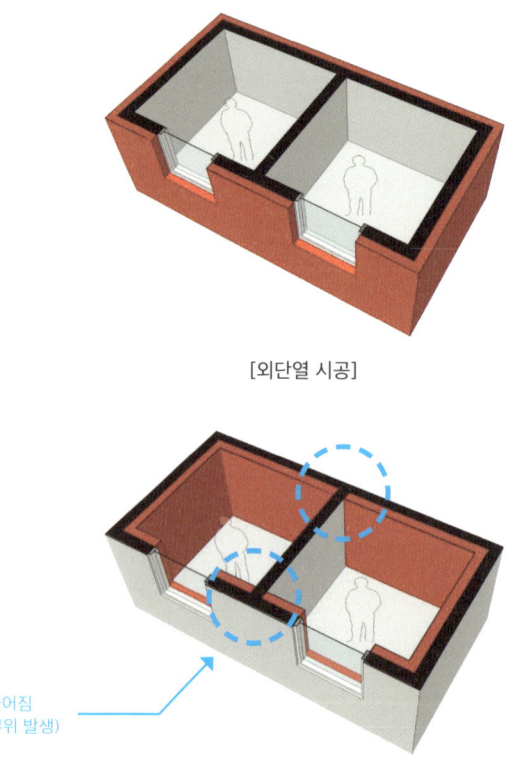

[외단열 시공]

[내단열 시공]

단열 끊어짐
(열교부위 발생)

내단열의 제일 큰 단점은 결로와 곰팡이가 생긴다는 것이다. 단열재가 내부벽체, 층간 슬라브의 방해로 연속되지 못하고(열교부위 발생_내단열 시공에 표기 부분) 중간중간 끊긴다. 밖은 춥고 안이 따뜻한 상태면 단열재가 끊기는 부분에서 결로와 곰팡이가 발생하는 것이다. 영하의 날씨에 찢어진 청바지를 입은 것과 같이 완전무장이 안 된다. 그리고 안쪽에 시공하기 때문에 실질적으로 사용가능한 면적도 줄어든다.

과연 그럴까? 우리는 검증이 필요하다. 외단열과 내단열의 온도분포에 대한 시뮬레이션을 진행한 결과이다. 시뮬레이션은 단열재의 두께와 성능, 내부와 외부 온도 등 동일한 조건으로 진행되었으며 단열재 위치만 내·외로 다르게 진행하였다.

온도표(℃)

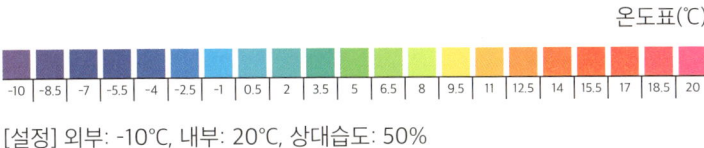

[설정] 외부: -10℃, 내부: 20℃, 상대습도: 50%

[참고] ■ 9.2℃: 결로의 시작 ■ 12.6℃: 곰팡이 생성

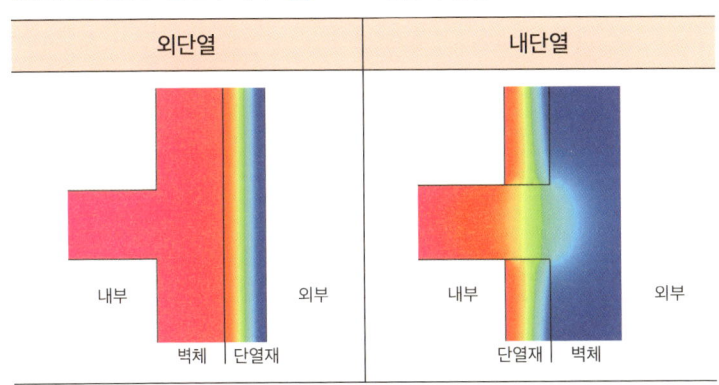

[외단열·내단열의 온도분포 비교]

시뮬레이션 결과에서 나타나듯이 내단열일 때 결로와 곰팡이의 생성 위치가 내부에 생긴다. 실질적으로 내단열로 시공된 공동주택 측벽을 열화상 카메라(온도에 따라 다른 색으로 표현하여 우리 눈으로 그 온도를 볼 수 있게 한 카메라)로 촬영해보면 다음과 같이 보인다.

[내단열 시공된 공동주택 열교부위 열화상 카메라 촬영]

주변보다 낮은 온도를 보이며 단열이 끊어져있는 열교부위를 열화상 카메라를 통해 알 수 있다. 이 사진의 집은 결로와 곰팡이의 발생으로 실크벽지를 제거 후 단열벽지로 시공하였으나 여전히 열교 부위는 발생하고 있는 모습이다. 건강위협자로부터 나와 내 가족을 지키기 위해서 어떠한 선택을 해야 하는지 더 이상 말하지 않겠다.

우리가 살고 있는 아파트는 대부분 내단열공법으로 만들어진 것이다. 외단열이 좋다는데 수많은 아파트들은 왜 내단열일까 궁금할 것이다. 고층아파트 외벽에 단열재를 붙이려면 사람이 손으로 해야 하니 위험도 클 것이고 단열재를 붙일 수 있는 공간을 만들어야하므로 금액이 상승할 것이다. 물론 불가능한 것은 아니지만 현재의 공법으로는 불가능하므로 변화가 필요하다. 중국마저도 고층아파트에 외단열을 잘 적용하고 있다. 아마도 관습처럼 해온 방식을 바꿀 마음이 없고 시공비가 올라가면 분양가가 오르니 좋다는 것은 알고 있지만 시공사들이 자발적으로 나서기도 싫을 것이다. 공기업에서 어서 빨리 나서서 외단열 아파트가 보편화되길 바래본다.

중단열은 벽체 사이에 단열재를 시공하는 방법이며 현재 많이 사용되지 않는다. 시작부터 단열재가 숨어있어서 직접 작업한 시공자도 시공의 품질을 확인하고 보장하기가 어렵다. 하자가 예상되므로 취하지 않는 것이 좋겠다.

단열의 위치에 따라 실질적으로 사용하는 면적이 다르다는 것도 참고하기 바란다. 같은 크기의 벽체일 때 내단열을 하면 외단열보다 실질적으로 사용하는 면적이 작다. 면적만 보아도 단열기준이 강화될수록 선택은 외단열이어야만 하는 이유가 충분하다.

[단열방식과 실내 면적]

■ 벽 200mm   ■ 단열재 200mm   ■ 마감 100mm

외단열	내단열
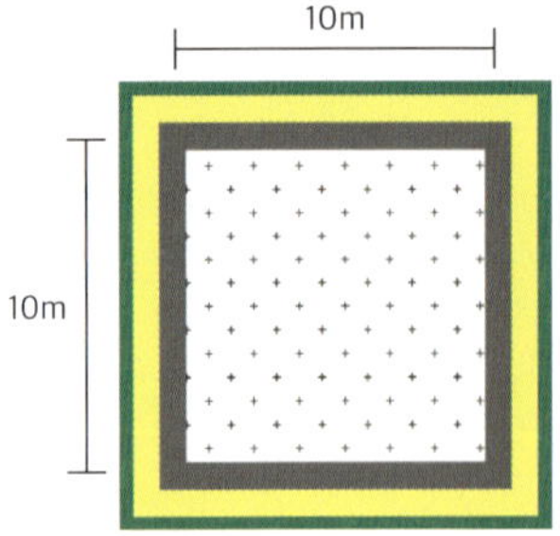 10m × 10m	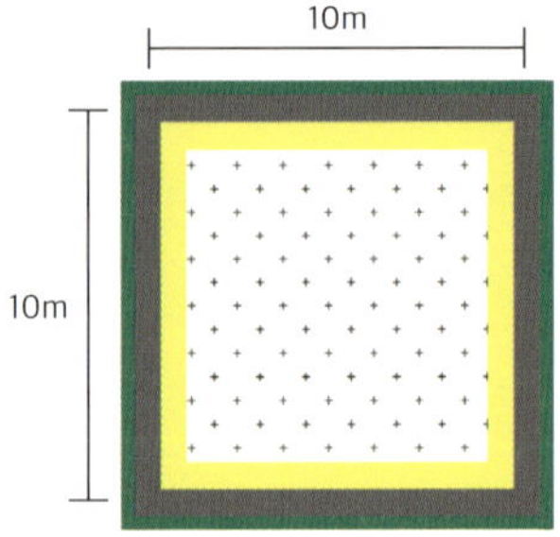 10m × 10m
사용면적: 9.8×9.8=96.04m²	사용면적: 9.4×9.4=88.36m²

단열재의 생김새

숨어있는 단열재는 어떻게 생겼을까. 단열재의 종류는 엄청 많고 각 단열재마다 성능별로 등급이 있다. 시중에는 수많은 단열재가 있지만 보편적으로 사용되는 단열재는 네 가지 정도로 볼 수 있다. 한번 알아보자.

1) 스티로폴(비드법 단열재, EPS)

단열재하면 떠오르는 것이 아이스박스를 만드는 하얀색

의 스티로폴일 것이다. 조리된 음식이나 냉동식품을 시키면 배달되는 용기이니 모두에게 너무 친숙하다. 이 스티로폴은 단열재로 사용될 때는 등급에 따라 하얀색도 있고 회색도 있다. 하얀색은 스티로폴, 비드법 1종 단열재로 불리고 회색은 네오폴, 비드법 2종 단열재라고 불린다. 비드법 단열재는 성능대비 가격이 저렴하고 시공하기도 쉬워서 가장 많이 사용된다. 단, 물을 만나면 흡수하여 단열성능이 떨어지므로 지하나 기초 부위, 지붕 등 물이 닿을 수 있는 부분에는 사용하면 안 된다. 이 단열재는 변형이 일어나지 않도록 최소 7주의 숙성시간이 필요하다. 와인도 아니고 치즈도 아닌데 숙성이 웬 말인가 싶을 것이다. 그러나 꼭 숙성이 필요하다. 숙성은 생산이후 7주 정도 자연 상태 그대로 노출시켜 단열재 내의 함유된 가스를 배출시키고, 수분을 건조시키는 과정이다. 숙성이 안 된 단열재는 시간이 지나면 모양의 변형이 일어나서 바둑판처럼 무늬가 생기며 휘어지고 심하면 갈라질 수도 있다. 그러므로 시공사에게 7주 이상 숙성된 단열재로 사용해 달라고 요구하기 바란다. 혹시 현장에 단열재를 들여놓은 후 숙성을 하겠다고 하면 정중히 거절해야한다. 단열재는 덩어리 상태로 7주 이상 숙성 후에 두께별로 재단을 해야 변형이 없고 하자 없이 시공이 가능하다는 것을 기억하기 바란다.

앞서 소개한 뾰족집의 벽체 외단열은 회색 스티로폴인 네오폴 (비드법보온판 2종3호)을 사용하였다. 100mm 두께의 단열재를 2겹으로 이음부를 엇갈리게 하여 밀실하게 부착하였다.

2겹으로 붙인 이유는 단열재를 연결하는 이음부에서 열이 통과될 수 있기에(열교발생) 이음부를 엇갈리게 하여 열을 차단시켜 성능을 높인 것이다. 1겹으로 시공하는 것보다 2겹 시공이 인건비와 재료절단의 공임이 더 많이 들것이라는 것은 예상가능하다. 그래도 이음부에서 발생할 수 있는 하자를 줄이는 것이므로 충분히 진행할 가치가 있다.

[1차: 100mm 단열재(비드법보온판 2종3호) 1겹 밀실 시공]

[2차 : 상하좌우의 이음부를 엇갈려 1겹 추가 밀실 시공]

2) 분홍색 스티로폴(압출법 단열재, XPS)

입자가 고운 분홍색 스티로폴이 압출법 단열재이다. 이 단열재는 물을 만나면 거의 흡수하지 않아서 지하층이나 기초, 지붕등 물과 만나기 쉬운 부분에 많이 사용된다. 습기에 강한 분홍색 단열재는 아이소핑크라고 불리기도 한다.

구조의 방식이 어떠하든 기초는 대부분 철근콘크리트로 한다. 그런데 기초를 작업할 때 기초의 벽면 단열재만 시공하고 하부는 안하고 넘어가는 현장이 많다. 도면에 표기가 안 되어 있을 때도 있고 표기가 되어있어도 현장에서 중요하게 생각을 안 하는 경우도 있다. 기초의 벽면과

하부단열은 선택이 아니라 필수이다. 아무리 따뜻하게 완전무장을 해도 맨발이면 어떠하겠는가. 거기에 눈이 내려 맨발이 젖으면 얼마나 추울지 생각해보시라. 습기에 강한 분홍색 단열재는 지면에서 최소 200mm이상 올려서 작업을 해야 한다. 폭우나 폭설로 물이 외벽에 닿을 때 흡수를 거부해야 단열성능이 유지되기 때문이다.

뾰족집의 기초, 발코니, 평지붕 작업 시 사진이다. 기초의 벽면은 회색 단열재와 마찬가지로 100mm두께의 핑크색 단열재를 2겹 이음부가 엇갈리도록 시공하였다. 지면뿐만 아니라 발코니, 평지붕과 맞닿는 면도 물을 흡수할 수 있으므로 200mm 이상 분홍색 단열재로 작업을 하였다.

[기초하부 단열재(압출법 보온판 특호) 시공]

[기초벽면 단열재(압출법 보온판 특호) 이음부 엇갈려 2겹 시공]

[발코니 벽면 단열재(압출법 보온판 특호) 200mm이상 시공]

[평지붕 벽면 단열재(압출법 보온판 특호) 시공]

3) 노란색 스펀지(글라스울, glass wool)

폐유리를 녹여서 섬유형태로 뽑아낸 것이 글라스울이라는 단열재이다. 이불패드 안에 있는 노란색 스펀지처럼 생겼는데 손으로 만져보면 따끔따끔하다. 이 단열재는 가성비가 좋고 목조주택 구조체의 얇은 기둥과 기둥 사이에 끼워넣기 수월하여 많이 사용된다. 글라스울은 스펀지 형태이기 때문에 시간이 지나면 중력에 의해 아래로 쳐지거나 뭉쳐서 벽체의 윗부분이 비워져버릴 수 있으므로 글라스울 중에서도 24K이상의 밀도가 높은 것을 사용하길 권장한다.

[경사지붕 단열프레임 '(주)티푸스코리아' 선시공]

[경사지붕 100mm 글라스울 3겹 시공]

뾰족집의 경사지붕 단열재로 사용하였고 32K 글라스울 10mm 3겹 시공하였다. 이 또한 이음부에서 문제가 생기는 것을 예방하기 위해 3겹 시공을 진행하였다. 향후 지붕 마감재의 고정을 고려하고 단열이 끊어지는 열교부위가 생기지 않도록 속에 글라스울 단열재가 채워져 있는 프레임(단열프레임)을 선시공후 100mm두께의 글라스울을 채우는 방법으로 진행되었다. 고정철물과 단열프레임 사이의 간격을 고려하여 두께를 선정하였다.

4) 반짝이 단열재(열반사 단열재, 저방사 단열재)

일명 온도리라고도 불리는 열반사 단열재(저방사 단열재)의 생김새는 우리가 놀러가서 살 수 있는 은색 돗자리와 같다. 두께는 더 두껍지만 외관은 비슷하게 생겼다. 색상은 은색이나 금색, 푸른색 등이 있고 반짝이면서 두께도 다양하다. 복사열을 차단하는 복합기능성 단열재인 열반사 단열재는 롤 형태로 제공되기 때문에 굴곡이 있는 부분이나 모서리 부분에 설치하기 좋은 특징이 있다. 가격도 싸고 작업도 편리하고 해당 제품의 시험성적서만 보면 얇은 두께로도 큰 단열성능을 얻을 수 있다. 세상에 이렇게 좋은 제품이 있다니 정말 금상첨화인거 같다.

[열반사 단열재 현장]

실제로 지나가다 신축현장을 보면 건물이 반짝이 옷을 두르고 있는 것을 많이 볼 수 있다. 그러나 필자는 이것을 '단열재인 듯 단열재 아닌 단열재 같은 너'라고 부르고 싶다.

열을 반사시키는 기능을 가진 이 단열재는 지붕 위에 노출로 시공하면 여름철 뜨거운 태양열을 반사시켜줘서 지붕을 시원하게 만들 수 있다. 그러나 내부에 시공하게 되거나 직접노출이 안 되는 외벽에 시공하면 실질적인 단열효과는 기대하기 어렵다고 본다.

제품의 시험성적서를 보면 일반적인 단열재와 달리 복합구성체로 단열성능을 인정받는다. 위에서 설명한 하얀색, 핑크색단열재는 오직 단열재만으로 단열성능을 시험하는데 열반사 단열재는 '구조체+열반사 단열재+밀폐된 공기층+마감재'로 여러 재료의 조합을 한 후 단열성능을 시험하여 성적서를 받는다. 혼자 당당히 시험성적을 받아오면 좋으련만 주변에 다른 재료의 친구들이 있어야 한단다. 실질적으로 성적서와 같이 밀폐된 공기층이 이루어지게 시공해야 성능이 발휘된다고 볼 수 있는데 현장에서 구현 가능한 것인지 의문이 든다. 필자는 양심적으로 추천하지는 못하겠다. 누군가가 이 제품을 사용하라고 추천했을 때 지혜로운 선택을 하길 바란다.

여기서는 대표적으로 사용되는 네 가지의 단열재를 설명한 것이고 이 외에도 목구조에 주로 쓰이는 목섬유 단열재, 종이를 갈아서 만든 셀룰로제 단열재, 폴리우레탄폼, 수성연질폼, 우레아폼 등 많은 단열재가 있다. 네 가지 이외의 단열재로 진행할 경우에도 그 단열재의 특성과 장단점을 설계사와 잘 비교하여 따뜻한 집을 위한 좋은 선택을 하길 바란다.

꼼꼼하게 바르고 붙이기

성능이 좋은 단열재로 두께도 법적인 기준보다 더 두껍게 하였더라도 어떻게 붙였느냐에 따라 단열성능의 결과는 다르다. 단열재가 거머리처럼 찰싹 붙어있어야 진가를 발휘할 수 있다. 단열재의 테두리는 모두 접착해야 하며 접착제는 단열재 면의 40%이상 도포하여 진행하고, 모서리도 같은 방향이 아닌 한단씩 엇갈려서 시공되어야한다. 단열공사 중에 현장에 직접 방문하거나 사진으로 확인하여 단열재가 제대로 시공되고 있는지 체크가 필요하다.

권장하는 접착제 시공방식은 중앙 소량도포와 가장자리에 추가로 도포하는 방식Ribbon&Dab이다. 패시브 건설현장이 아닌 일반 현장에서는 대부분 중앙에만 소량 도포하는 방식Dot&Dab으로 시공한다.

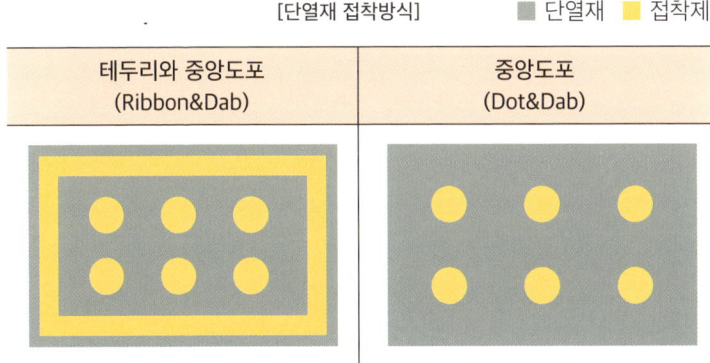

[접착 부위 및 범위]

[모서리 엇갈려 시공]

2017년 5월 부산소방안전본부에서 실시한 건축물 단열재 화재재현 시험결과에 따르면 테두리와 중앙도포방식Ribbon&Dab이 기존 중앙도포방식Dot&Dab보다 연소 확대 위험이 현저히 낮다는 사실을 확인하였다. 의정부 화재나 제천 화재 사진을 유심히 보면 단열재가 중앙도포로 시공되어 있었다는 것을 알 수 있다. 화재위험으로부터 안전하기 위해 단열재 접착은 테두리와 중앙도포 방식Ribbon&Dab으로 시행해야 함을 기억하고 요구하길 바란다.

단열재 두껍다고 다가 아니다.

초반에 정부에서 2025년 에너지제로하우스(에너지 소비가 ±0인 집, 현재는 에너지자립률 20%이상부터 제로에너지건축물 인증)를 목표로 한다는 발표를 하였고 그에 발맞춰 2018년 9월부터 단열기준이 한층 더 강화된다고 하였다. 건축물의 에너지 절약설계 기준의 단열조건은 두께, 열관류율 두 가지의 조건 중 하나의 기준을 충족하면 된다.

지역별로 단열재의 등급별로 두께와 열관류율의 기준이 다르며 충족여부는 설계자가 체크하여야 하는 일이다. 2018년 9월부터 시행되는 단열기준으로 서울시가 포함된 중부 2지역과 패시브하우스의 열관류율 조건을 비교해보면 다음과 같다.

[열관류율 비교표]

단위: W/m^2K

구분	중부 2지역	패시브하우스
외벽	0.24 이하	0.15 이하
지붕	0.15 이하	0.11 이하

숫자와 단위를 보고 놀라지 마시라. 간혹 숫자와 단위를 무서워하는 분들이 있다. 외우거나 풀어야하는 문제가 아니니 두렵다고 책을 덮지 말고 하나의 이미지처럼 보고 넘기면 된다. 단

열재의 두께는 두꺼울수록 성능이 좋고 열관류율은 숫자가 낮을수록 성능이 좋은 것이다. 그러나 한도 끝도 없이 두꺼워지고 숫자가 낮아질 수는 없는 법이다. 오히려 두께가 너무 두꺼워지면 단열재를 고정하는 철물의 한계를 넘어버리고 경제성도 떨어지는 것이므로 적정선이 있다는 것을 기억하길 바란다. 그리고 반짝이 단열재인 열방사 단열재가 열관류율이 충족된다는 시험성적서를 보아도 흔들리면 안 된다는 것을 다시 한 번 당부드린다.

"체크하기(기밀)"

"체크하기(기밀)"

바람이 통하였느냐?

통하지 않아 따뜻합니다. 이것은 단열보다 더 중요한 쾌적하고 따뜻한 집을 갖는 윗길입니다.

따뜻한 집이 되려면 바람이 통하면 안 된다. 집은 기밀하여야 한다. 우리가 예전 단독주택에서 코끝이 시리고 한기가 느껴졌던 것은 사용된 자재의 성능이 떨어진 것도 있지만 기밀하지 않아서가 주된 이유이다. 기밀하지 못하다는 것은 구조체와 창문 사이, 설비배관의 관통 부위 등 틈새에서 바람이 들어오는 것이다. 기술의 발전으로 기밀성이 예전보다는 좋아졌지만 지금 살고 있는 집도 닫힌 창문연결 부위에 가까이 가보면 틈새바람이 들어오는 것을 알 수 있다. 패시브하우스가 아니고선 기밀시공에 많은 노력을 기울이지 않아서 틈새바람이 통하고 이 현상은 에너지 효율이 떨어지는 결과로 결국 냉·난방비가 상승된다. 틈새바람 뭐 그 까짓 것이라고 방치하면 안 된다. 실내에 있는 열이 나가지 않게 하고 밖에 있는 차가운 공기도 들어오지 못하도록 집은 반드시 기밀해야한다는 것을 잊지 마시라. 참고로 틈새바람은 두 가지인데 들어오는 것을 침기, 나가는 것을 누기라고 한다.

기밀이라는 것이 무엇인지는 알겠으나 이걸 어떻게 확인할 수 있을까 싶을 것이다. 앞서 설명한 이야기 중에 패시브주택에서 몇리터 하우스라는 것이 있다고 했다. 저에너지 건축설계 시뮬레이션을 통해 나온 결과인데 이 시뮬레이션에서 기밀성을 확인하기 위해서 패시브협회에 의뢰하여 기밀성테스트Blow-door Test를 반드시 두 차례(창호작업 완료 시, 완공 후) 진행해야한다. 물론 소정의 비용이 발생한다.

출입문에 가압기를 설치한 후 평소보다 강한 압력을 주었을 때 주택 내부로 들어오는 틈새바람의 양을 측정하는 테스트이고 그 기준은 50pa≤1.5회/h(한국패시브협회 기준)이다. 여기서도 숫자와 단위로 놀라지 말고 이해를 하면 된다. 50Pa는 공기의 압력차이이며 장마철 태풍이 시작될 때 초기바람세기정도라고 한다. 그 정도 바람세기의 압력일 때 시간당 1.5회 이하의 틈새바람만 허용한다는 것이다. 더 쉽게 말하면 한 시간 동안 우리 집 부피의 150% 만큼의 공기가 들어왔다 나가며 교체된다는 이야기이다.

테스트 결과 숫자가 낮을수록 기밀한 것이라는 것만 기억해두자.

 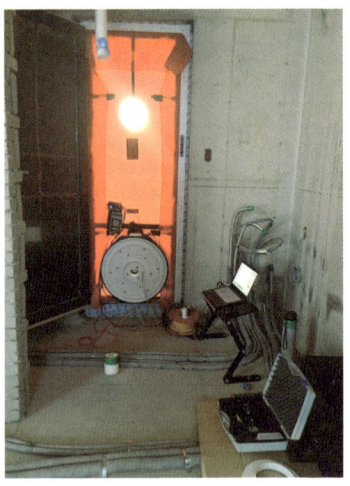

[뾰족집의 창호 작업 완료 시 기밀성 테스트 현장]

창호설치가 완료되면 첫 번째 테스트를 진행하는데 이때 결과치가 적정기준에 도달하지 못하면 문제되는 부위를 찾아내어 재시공 또는 보수 등의 조치를 취한다. 하자로 이어질 수 있는 문제의 부분을 수정·보완 후 테스트는 다시 진행되며 기준에 통과하는 기밀성능을 확인한 후 다음공사가 진행되므로 미리 하자부위를 발견하고 조치할 수 있어 건강한 집을 완성하는데 도움을 준다. 참고로 뾰족집은 50pa≤0.17회/h라는 놀라운 결과를 얻었다. 정직하고 무서울 정도로 칼같이 시공한 시공자님의 노고 덕에 좋은 결과를 얻은 것이다. 얼마나 시공을 공들이고 바르게 진행하는지 결과로 알 수 있으므로 건축주에게는 중간점검의 좋은 기회이다.

틈새바람 비켜!(기밀해지는 방법)

기밀을 방해하는 틈새바람이 생기는 부위를 어떻게 시공해야 할까. 그 부위는 어디일까.

제일 큰 부분은 창호와 관련된 부분이다. 창호의 열고 닫히는 부분 개폐부위의 기밀성과 구조체와의 연결 부위이다. 구조체가 먼저 뚫린 후에 창호가 설치되는 것이므로 그 사이에는 벌어짐이 있어 그 부위를 어떻게 처리하느냐로 기밀성능이 결정된다. 창호에 대해서는 뒤에서 다시 자세하게 설명하기로 하자.
창호와 구조체의 연결 부위를 어떻게 처리하느냐가 관건인데 대부분 실리콘을 쏴서 마무리 한다. 마트나 철물점에 가면 흔히 구매 가능한 실리콘은 알다시피 성능이 오래가지 못하여 기밀을 원하는 우리에게 실망을 안겨준다.

이러한 점을 감안하여 나온 자재가 있으니 그것은 바로 기밀테이프이다. 부착력이 정말 최고다. 창틀과 벽체 사이에 연질폼이나 팽창밴드를 사용하고 그 위에 내·외부로 창호용 기밀테이프를 붙여준다.

[외부용 창호 기밀테이프 시공]

[내부용 창호 기밀테이프 시공]

외부용은 빗물 등이 들어오지 못하게 방수기능과 구조체와 창호 사이에 습기가 차면 배출시키는 투습기능이 있고, 내부용은 방습의 성질이 있어 창호틈새에 생길 수 있는 결로와 곰팡이를 막아준다. 기밀테이프는 또 하나의 건강지킴이이다. 그러나 기밀테이프로 창호 주변을 작업하려면 창호설치 작업이 구조체 완료 후 우선 시공되어야 한다. 일반적으로는 외부마감 후에 창호 작업이 진행되어 시공의 순서상 기밀테이프 시공을 하고 싶어도 못하게 되는 경우가 있으니 기밀테이프 시공을 원한다면 시공자에게 미리 요구하는 것이 좋겠다.

설비배관도 기밀이 중요하긴 마찬가지다. 필수적인 전기, 상·하수도, 냉난방 등의 배관들 주변이 틈새바람의 또 하나의 주범이므로 여기도 기밀을 위한 최애템 기밀테이프 시공을 꼭 하자. 가격이 많이 비싸지 않으니 시공자에게 직접 요구할 수 있는 건축주가 되길 바래본다.

[배관층, 설비층, 콘센트 기밀테이프] 2

---

2 출처_ 프로클리마

숨 쉬는 기계(열회수형 환기장치)

밀폐용기처럼 집의 틈새를 최대한 막아서 기밀하게 시공이 되면 따뜻하게 살면서 에너지 소비는 절약되지만 거기서 사는 사람은 숨이 막히지 않을까 걱정이 될 것이다. 그래서 필요한 것이 열회수형 환기장치이다. 우리는 환기가 필요하다는 것은 머리로도 알고 몸으로도 안다. 이산화탄소의 농도가 높아지면 두통과 무기력, 피로감 등 몸에서 먼저 반응이 일어난다.

필자의 집에서 침실의 이산화탄소를 측정기로 체크해보니 잠자기 전 609ppm으로 건강에 문제가 없는 실내 레벨이었으나 세 식구가 한 방에서 문을 닫고 취침 후에는 1,905ppm으로 컨디션 변화가 나오는 레벨이 되었다. 환기장치는 낮은 단계로 가동 중이였다.

의심 많은 필자가 하루는 환기장치를 끄고 문을 닫고 취침에 임하였는데 측정기는 측정불가로 에러가 나고 마흔 중반인 남편은 몸이 살기 위해 반응하여 새벽 4시에 기상하였다. 혹시 이유 없이 새벽에 자꾸 일어나게 된다면 환기장치를 가동하거나 문을 조금 열고 취침을 해보기 바란다. 숙면을 취할 수 있을 것이다.

---

3   출처_ 한국패시브협회

[이산화탄소 농도별(ppm기준) 인체에 미치는 영향] [3]

농도(ppm)	영향
~450	건강한 환기 관리가 된 레벨
~700	장시간 있어도 건강에 문제가 없는 실내 레벨
~1,000	건강 피해는 없지만 불쾌감을 느끼는 사람이 있는 레벨
~2,000	졸림을 느끼는 등 컨디션 변화가 생기는 레벨
~3,000	어깨 결림이나 두통을 느끼는 사람이 있는 등 건강 피해가 생기기 시작하는 레벨
3,000~	두통, 현기증 등의 증상이 나오고, 장시간으로는 건강을 해치는 레벨

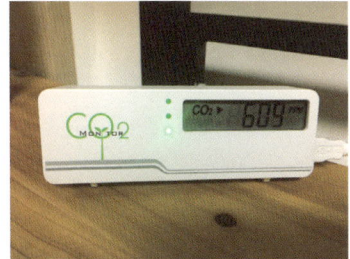 

[이산화탄소 측정결과(취침 전·후)]

지금 열회수형 환기장치라는 명칭이 생소하고 무엇인지 모르는 분이 있을 것이다. 혹시 현재 살고 있는 집이 2006년 이후 준공된 아파트라면 당신의 집에도 설치되어 있는 것이다. 의무적으로 설치하도록 법제화되어 아파트 세대마다 설치는 되어있으나 실질적으로 사용하는 가정은 그리 많지 않은 것 같다.

창문을 열어 환기를 해야 환기가 된 것 같은 느낌적인 느낌과 이 기계를 어떻게 사용하는지 몰라서 그냥 설치는 되어 있으나 방치한다. 그러나 미세먼지와 초미세먼지 농도가 높은 요즘 같은 날에는 무방비로 통과시키는 창문을 열어하는 환기보다는 필터로 걸러서 환기되는 기계의 힘을 활용하는 게 여러모로 낫다.

환기장치는 24시간 계속 켜두는 게 좋다고는 하지만 집이 비워져 있는 시간까지는 좀 의미 없는 것 같다. 사용자가 켜고 끄는 것을 조절하고 소음이 신경 쓰인다면 세기를 조절하여 사용하는 것이 좋겠다. 자동차의 항균필터처럼 환기장치의 필터도 주기적(보통 6개월)으로 교체해줘야 한다는 것을 기억하기 바란다. 꾸준히 관리해주지 않으면 문을 여는 것보다 더 안 좋은 공기를 마시게 될지도 모른다.

열회수형 환기장치는 실내에 있는 공기가 나가고 바깥공기가 들어오면서 열을 교환하여 겨울철에는 신선하면서도 따뜻한 공기가 들어오고 여름철에는 신선하면서도 시원한 공기가 들어오게 되므로 에너지 손실이 적다.

환기장치의 개구부는 각 실의 천정에 설치되고 본 장치는 천정에 설치하는 천정형과 벽에 설치하는 벽부형이 있다. 천정형으로 설치하는 것이 공간효율에는 좋고 필터의 교체 등 관리를 위해서는 벽부형이 좋다. 설치할 곳을 고려하여 설치유형을 결정하는 게 좋겠다.

[뾰족집에 설치된 열회수형 환기장치(벽부형, 조절기, 개구부)]

[쾌적하고 따뜻한 집]

"체크하기(창호, 차양)"

"체크하기(창호, 차양)"

창호, 무엇에 쓰는 물건인고.

내부와 외부를 연결하는 창문과 문을 통틀어 창호라고 한다. 여기서 창호에 대한 이야기는 집의 출입을 위한 현관문은 제외하고 유리와 프레임으로 되어있는 창문과 문으로 한정한다.

닫힌 창호는 물리적으로는 차단이지만 시각적으로는 개방되고 열린 창호는 물리적 시각적 모두 개방된다. 창호를 통해 외부의 자연적인 빛이 들어오고(채광), 신선한 공기가 유입되고(환기), 계절에 따라 바뀌는 그림같은 풍경을 선사한다. 이것이 창호의 역할이고 본래의 기능이다. 그러나 현재 우리가 살고 있는 집의 창호들을 바라보면 어떤 모습인가. 몇 년 전부터 선풍적인 인기를 끌고 있는 단열뽁뽁이가 유리에 붙어 닫힌 창문의 시각을 차단해버렸다. 조금만 검색해 봐도 단열뽁뽁이 붙이는 노하우며 그 위에 방풍막, 방풍 비닐커튼 등으로 가려야 효과가 더 크다는 이야기와 문풍지로 틈새를 막는 방법 등을 찾아볼 수 있다. 이렇게 난방비 절감을 위해서 단열뽁뽁이로 가리고 자연적인 빛이 들어오는 것과 풍경을 보는 것도 포기하고 살고 있는 것이 얼마나 슬픈 일인가. 단열을 위해 겨울에만 붙이고 봄, 여름, 가을에는 떼어내는 것을 반복하는 사람이 얼마나 있을까.

창호가 창호의 역할을 못하니 이것이 과연 무엇에 쓰는 물건인지 모르겠다. 단열성능은 당연히 단열재를 붙이고 있는 벽보다는 떨어지겠지만 제 기능을 못하는 창호라면 창호라 할 수 없다. 한 번 시공하면 교체하기가 쉽지 않으므로 창호 선택에 신중을 더해야한다.

아파트 생활에 익숙한 우리에게는 슬라이딩 방식의 이중창호가 가장 친근하다. PVC창호라고도 불리는데 시공비용이 저렴하면서 단열성, 밀폐성, 방음성이 나쁘지 않은 창호이다. 단, 슬라이딩은 마찰력에 의존하므로 사용기한에 따라 기밀을 유지하는 층이 소모되어 성능이 저하된다. 이중창호는 최선의 선택은 아니지만 차선은 될 수 있다.

조금은 생소할 수도 있지만 시스템창호라는 것이 있다. 이중창호의 단점인 창틀과 유리 사이의 틈을 없애기 위해 특수하게 제작한 프로파일profile(창의 뼈대 역할)을 사용한 창호이다. 개폐방식이 생소하고 낯설어 선뜻 선택하기 어려울지도 모르겠다. 시스템창호의 개폐방식은 틸트앤턴Tilt&Turn(상부만 기울어져 열리게 하는 방식과 안쪽으로 여는 방식)이 기본이고 틸트앤슬라이딩Tilt&Sliding(상부만 기울어져 열리게 하는 방식과 문을 당겨 옆으로 여는 방식)도 가능하다. 단연 단열성, 밀폐성, 방음성이 아주 우수하나 시공비용이 다소 비싸다. 따뜻한 집을 원하고 예산이 가능하다면 시스템창호의 선택을 추천하고 싶다.

[시스템창호 개폐 방식] 4

Turn (안쪽으로 열림)	Tilt (상부만 열림)	Sliding (밀어서 열림)

4 출처_ ㈜유로 레하우창호

유리의 합리적 선택

집의 단열성능을 높이기 위해 고려해야하는 것 중 하나가 유리이다. 유리를 잘 선택하면 더 이상 단열 뽁뽁이를 붙이고 살면서 면역력을 길러주는 햇빛도 들이지 못하고 외부풍경도 포기한 채 살지 않아도 된다. 창호의 프레임을 선택할 때 유리도 선택이 가능하다.

우리의 목적은 쾌적하고 따뜻한 집, 건강한 집이므로 수 많은 종류 중에서 로이코팅유리만 설명하고자 한다. 로이코팅Low-E Coating유리는 'Low-Emissivity'의 약자로 저방사유리이다. 방사율이 낮은 유리, 내보내는 능력이 떨어진다는 것이다. 겨울철을 예로 들면 따뜻한 내부공기가 유리창을 통해서 탈출을 시도하지만 코팅면에 튕겨져 90%가 내부로 다시 들어오고 10%가 탈출을 한다. 참고로 일반유리는 16%가 튕겨 들어오고 84%가 탈출에 성공한다고 한다. 로이코팅유리는 내부에 데워진 따듯한 공기를 실내에 잡아두는 역할을 한다. 그래서 에너지 절감형 유리, 단열성능이 높은 유리라고 하며 결과적으로 냉·난방비를 절약하게 만들어준다. 물론 일반유리보다 가격이 비싸지만 장기적인 측면에서는 로이코팅유리의 선택이 합리적이라 할 수 있다.

로이코팅유리는 유리 표면에 특수 금속막을 얇게 코팅한 유리로 최근에는 대부분 은으로 코팅을 많이 한다. 이중유리(복층유리: 유리2장, 유리면은 4면), 삼중유리(삼복층유리:유리 3장, 유리면은 6면)가 있으며 패시브하우스용으로는 삼중유리(삼복층유리)가 사용된다.

[유리의 로이코팅 위치]

이중유리(복층유리)	삼중유리(삼복층유리)
① ② ③ ④ 외부 내부 └ 코팅위치 ┘	① ② ③ ④ ⑤ ⑥ 외부 내부 └── 코팅위치 ──┘

유리를 그냥 눈으로 봐서는 아무리 유리 전문가라도 로이코팅의 유무를 확인할 수 없다. 당장 우리집 유리가 로이코팅인지 확인하고 싶다면 라이터로 유리를 비추어 확인이 가능하다. 예시 사진은 삼중유리(삼복층유리)이며 유리면의 개수와 같이 불빛이 6개가 보인다. 자세히 보면 ②번과 ⑤번의 색이 다르며 이면에 코팅이 되어있는 것이다.

[로이코팅유리 확인 사례]

창호도 생산되는 제품이므로 에너지소비효율등급(2012년 7월 1일시행)이 표기된다. 창호의 에너지소비효율등급은 총 5개로 나뉘어 있으며 1등급이 제일 좋은 고효율 제품이다. 창호의 성능을 확인하기 위해서 시험성적서나 등급표를 보면 효율을 나타낼 때 열관류율(W/m^2k) 또는 열저항(m^2k/W)으로 표기한다.

세상에 이것이 어디서 봤던 것인가, 몇십 년 전 학교에서 배웠던 것 같긴 한데 어떻게 읽는 건지도 모르겠다며 깜작 놀랄지도 모르겠다. 겁먹지 마시라. 그게 중요한 게 아니다. 우리는 보는 눈만 있으면 된다. 단열파트에서도 기술했듯이 열관류율은 숫자가 작을수록 성능이 좋은 것이고 열저항은 반대로 숫자가 클수록 성능이 좋은 것이라는 점만 기억해두자. 어떤 것이 좋은 것인지 가려낼 수만 있으면 된다.

참고로 1등급 제품의 열관류율은 1.0(W/m^2k) 이하이고 패시브 하우스의 조건은 유리와 프레임의 열관류율은 0.8(W/m^2k) 이하이다.

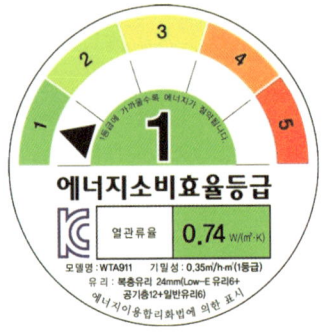

등급	열관류율 (W/m^2k)	기밀성 (m^3/m^2h)
1	1.0 이하	1 이하
2	1.4 이하	
3	2.1 이하	2 이하
4	2.8 이하	-
5	3.4 이하	-

[창호등급 표기]

현관문도 다시 보자.

현관문은 그 집의 얼굴이라고 한다. 방문하는 사람을 처음으로 맞이하는 것이 현관문이므로 대부분의 건축주들이 기능보다는 디자인에 많이 신경을 쓴다. 외벽과 함께 외부에서 버텨주어야 하는 단독주택의 현관문은 디자인보다는 당연히 단열성능이 좋아야한다. 찬바람이 쌩쌩 들어오면 큰일이니 창호와 같이 기밀한 시공은 기본으로 해야 하고, 문 자체의 성능과 등급을 잘 확인하여 결정하여야한다. 숫자가 낮으면 낮을수록 성능이 좋은 문의 열관류율을 확인하길 바란다.

[뾰족집 주 현관문, 부 현관문(HATIS 제품)]

태양을 피하는 방법(차양장치)

차양장치란 외부로부터 오는 빛을 가리거나 차단하는 장치를 말한다. 추운 겨울에는 따뜻한 빛이 정말 고맙지만 숨이 막힐 정도로 푹푹 찌는 여름의 햇빛은 정말 피하고 싶은 대상이 된다. 에어컨과 선풍기를 켜고 있지만 햇빛이 들이치면 속수무책이다. 에너지 소비도 커지기에 창문에 외부 차양장치 설치를 권장한다.

내부에 취향에 맞는 블라인드나 커튼을 설치하면 인테리어 요소로도 활용되면서 빛도 차단하여 간단히 해결되는 것 아닌가라는 의문이 들것이다. 답은 해결되지 않는다. 물론 그 순간의 눈부심은 막을 수 있다. 그러나 내부에 설치하는 것은 빛이 유리를 통해 들어온 후에 차단시키는 것이라 열은 막지 못한다. 내부의 공기는 뜨거워져 있으니 냉방에너지의 소비는 막을 수 없다는 것이다. 에어컨이나 선풍기와 같은 냉방기계가 끊임없이 일을 해도 쾌적한 온도까지는 긴 시간과 많은 에너지가 필요하다.

차양장치도 형태와 종류가 여러 가지가 있다. 건축주의 취향과 예산에 맞는 방법으로 결정하되 설치할 때 단열의 끊어짐이 없도록 즉 열교부위가 발생하지 않도록 시공되어야 함을 기억하길 바란다.

1) 처마 설치

뾰족집에는 남쪽으로 설치되어 있는 창문 상부에 처마를 길게 내어 태양빛이 실내로 들어오기 전에 차단하였다. 단 처마를 설치할 때 단열이 끊어지지 않도록(열교 부위 발생 고려) 단열프레임을 먼저 설치한 후 단열프레임 사이에 단열재를 시공하여야 한다.

사용자가 햇빛의 양을 조절할 수 없으니 태양을 피하는 방법으로 처마 설치가 답이라고 할 수는 없다. 뾰족집에서는 예산을 고려한 차선의 방법으로 선택한 것이 창호 상부 처마 설치이고 단열이 끊어지지 않도록 시공을 하는 것에 집중하였다.

[창문 상부 단열프레임 '(주)티푸스코리아' 설치]

[단열프레임 사이 단열재(비드법 2종3호 100mm 2겹) 설치]

[징크 처마 작업(각파이프 작업 → OSB합판 → 방수쉬트 → 징크판넬)]

[뾰족집 남측 창호 상부 차양 모습]

2) 외부전동블라인드(EVB: External Venetian Blind)

외부 베네시안 블라인드라고 불리는 EVB는 건물 외부에 설치하는 전동차양으로 수동식과 자동식이 있다. 유럽에서는 거의 필수요소로 사용되지만 우리에게는 익숙하지 않다. 우리가 알고 있는 일반적인 실내 블라인드와 비슷하게 생겼으나 외부에 설치되므로 부식방지 등 악천후에 견딜 수 있도록 처리가 되어있다. 물론 색상이나 디자인이 내부 인테리어에 설치하는 블라인드처럼 다양하지는 않지만 빛을 유리면에 닿기 전에 차단시켜주므로 기능적으로는 훨씬 우수하다.

처마 설치보다 비용이 많이 들지만 햇빛의 양을 사용자가 완벽하게 조절, 통제할 수 있고 결과적으로 냉방에너지사용을 줄일 수 있으므로 설계, 시공 시 충분히 고려해 볼 가치가 있다.

[외부전동블라인드 설치 사례] 5

3) 덧문, 어닝

덧문은 창문 바깥쪽에 덧다는 문으로 유럽에서 많이 사용하는 방법이다. 열려있을 때 외부에서 덧문의 형태가 모두 노출이 되어 호불호가 있으므로 건축주의 취향에 맞는다면 다른 방법보다 저렴한 비용으로 햇빛의 차단이 가능하다. 닫았을 때 내부에서 답답함을 느끼지 않을까 걱정이 될 수도 있다. 덧문은 블라인드처럼 조정이 되지는 않지만 슬릿의 각도를 조절하여 설치하면 답답하지 않게 생활이 가능하다.

어닝은 가벼운 소재로 만들어진 차양장치이나 주택의 차양장치로 추천하진 않는다. 처마설치와 같이 창호 상부에 설치되는 방식이나 소재가 가벼워 오랫동안 사용하지 못하고 비바람에 약한 단점이 있다. 주택에서는 옥상이나 야외 데크에 여름철 일시적으로 사용을 많이 한다.

---

5   출처_ 블라인드팩토리

[덧문, 어닝 설치 사례] 6

4) 전동블라인드 창호

창호와 외부블라인드가 하나의 몸으로 된 형태이다. 기본적으로 단열성능을 겸비한 3중 유리에 한 장의 유리가 덧붙여지고 그 안에 블라인드가 설치되어있다. 수동식, 전동식으로 조절이 가능하며 비, 바람 등 외부환경이 블라인드에 영향을 주지 못한다는 장점이 있다. 예상대로 가격은 높지만 고층이 될수록 바람에 의한 풍하중이 중요시되므로 고층건물에 설치하는 차양방식으로 적합하다.

[전동블라인드 창호] 7

---

6 출처_ 한국패시브협회
7 출처_ 엔썸

[쾌적하고 따뜻한 집]

"체크하기(열교)"

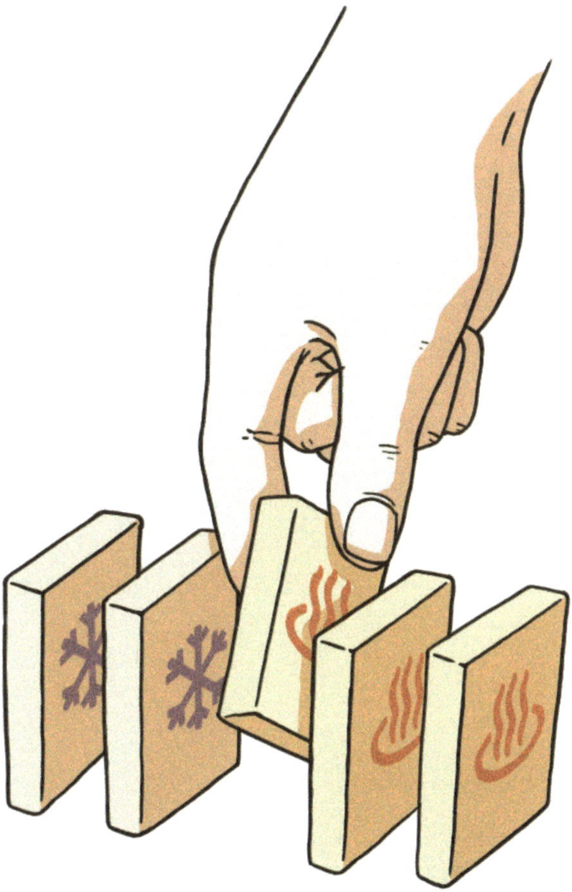

"체크하기(열교)"

열교, 누구냐 넌?

앞서 열교는 단열이 연속되지 않고 끊어지는 부위에 열이 통하는 것이라고 설명하였다. 열교로 인한 열손실을 막지 못하면 아무리 좋은 자재로 설계·시공을 해도 창호연결부, 지지부재, 연결철물 등 열교취약부위를 통해 에너지가 술술 빠져나간다. 그리고 집중되는 열교부위에 결로와 곰팡이가 생성되므로 호흡기질환, 아토피 등 우리의 건강은 위협받는다. 건강을 위협하고 열손실의 주범으로 체포해야할 열교의 발생부위를 미리 예지하여 차단해야 집이 완성되었을 때 비로소 쾌적하고 따뜻한 집, 건강한 집을 소유하게 된다.

단열이 벽체 등으로 연속되지 못하고 끊어지는 내단열보다는 외단열이 열교에 강하지만 외단열이라고 열교에 100% 자유롭다고 할 수는 없다. 그럼 어떻게 해야 하는가? 외단열로 된 뾰족집의 시공방법을 보면서 열교를 끊어내어 보자.

징글징글한 열교 끊어내기

예측할 수 있는 열교부위 중 시공초반에 손쓸 수 있는 곳은 발코니와 파라펫 부위이다. 외부로 돌출되어 있는 발코니는 내단열이든 외단열이든 반드시 열교가 발생하므로 단열처리를 해야 한다. 그러나 위아래로 단열재를 감싸면 너무 두껍고 묵직한 형태를 보여 보는 이로 하여금 거부감을 들게 한다. 그리하여 구조체의 열교를 끊어낼 수 있는 제품이 2016년 국내에서도 개발되었으니 구조용 열교차단재이다.

열교차단재를 사용하면 아주 간결하고 심플하게 발코니가 처리되면서 열교가 발생되지 않는다. 단열재 내부에 스테인레스 재질로 철근이 만들어져 콘크리트 타설 전에 발코니부위에 설치하면 구조체와 일체화된다. 물론 집이 완성된 후에는 모습이 보이지 않는다.

[구조용 열교차단 제품] 8

[발코니 부위 구조용 열교차단재 예시]

단열재로 감싸기	열교차단재 적용

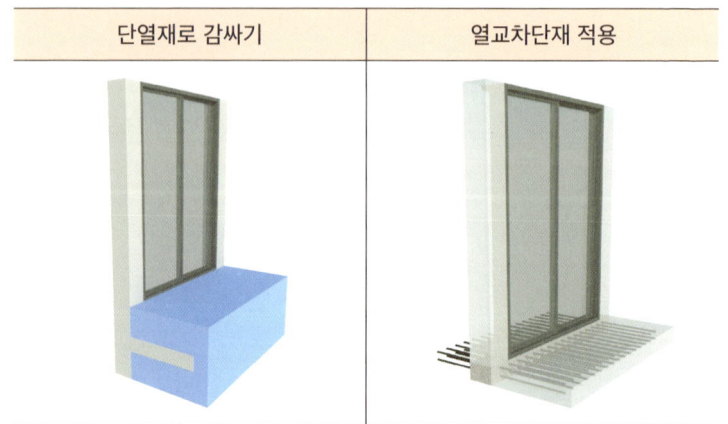

8 출처_ TB Block

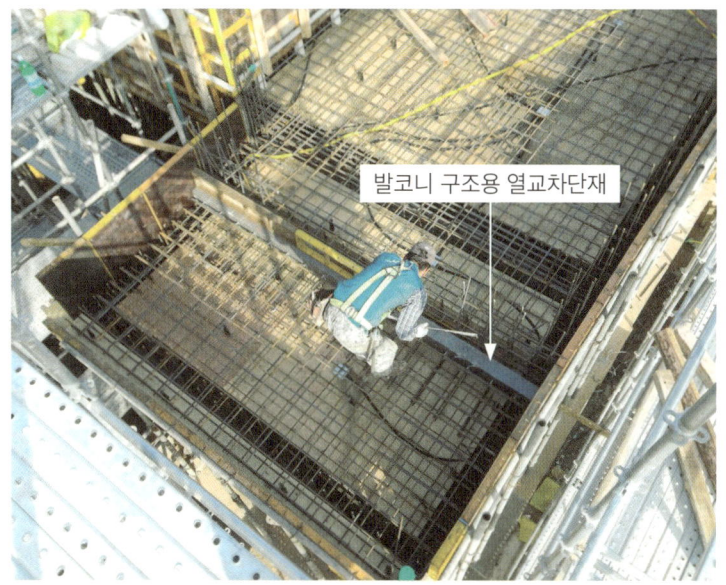

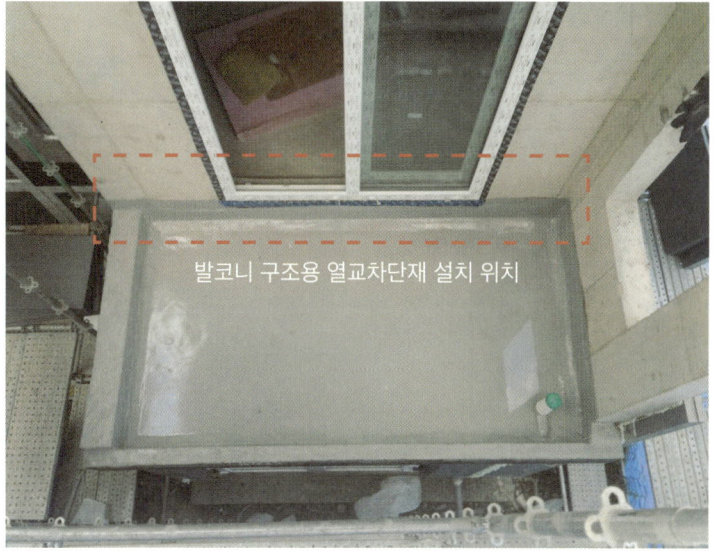

[뾰족집 발코니 열교차단재 설치]

평지붕 구간의 파라펫 또한 열교가 예상되는 부위이다. 여기에도 열교차단재를 사용하면 둔탁하지 않는 외관을 가지면서 열교에서 자유로워 질 수 있다.

[뾰족집 파라펫 열교차단재 설치]

벽돌로 외부마감을 할 때 수평, 수직을 유지하기 위해서 연결시키는 철물이 있는데 이것을 긴결철물이라고 한다. 뾰족집의 외부마감은 백고벽돌이므로 외단열을 최소한으로 훼손하고 벽돌을 지지할 수 있는 조적용 긴결철물이 필요하였고 스테인레스 재질로 된 열교방지 긴결철물을 시공하였다. 작은 구멍이라고 사소하게 넘기면 단열효과가 떨어지므로 할 수 있다면 작은 것 하나까지도 열교차단을 해야 한다.

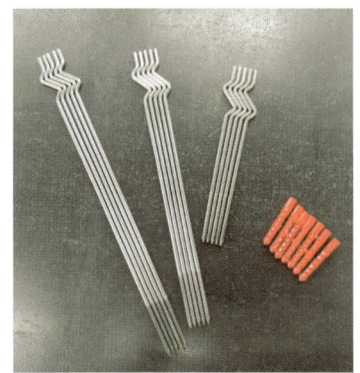 

[조적용 열교방지 긴결철물 'TB Block' 시공]

앞서 뾰족집의 차양장치와 지붕 시공 시 열교방지를 위한 단열프레임 선 시공 한 것을 소개하였다. 이 단열프레임은 마감재를 고정하기 위한 기존의 철재 각파이프의 열교발생을 해결하기 위해 개발된 것이다. 열교를 끊어내기 위한 제품들을 적재적소에 잘 활용하여 입주 후 열교로 인해 고통받는 일이 없기를 바래본다.

[쾌적하고 따뜻한 집]

"체크하기(신재생에너지)"

"체크하기(신재생에너지)"

에너지를 자급자족하다.

자급자족自給自足, 자기가 필요한 것을 스스로 생산하여 충당하는 것을 말한다. 집 앞 텃밭에서 채소를 길러먹는 것도 자급자족이지만 생활에 필요한 에너지도 자급자족이 가능한 시대이다. 앞서 삶의 질은 높이면서 소비하는 에너지의 양을 줄이기 위한 방법을 알아보았다. 패시브기법을 적용하여 유지관리비용을 줄이는 방법이다. 고단열, 고기밀, 환기장치, 창호, 차양, 열교방지에 신경써서 집을 지으면 소비되는 에너지의 양을 줄일 수 있다. 정부에서 2025년 목표로 하는 에너지제로하우스(외부로 새나가는 열을 차단하고 신재생에너지를 사용해 외부로부터 별도의 에너지를 사용하지 않는 집, 에너지 소비가 ±0인 집. 현재는 에너지자립률 20%이상부터 제로에너지건축물 인증)를 실현하기 위해서는 신재생에너지의 도움이 필요하다. 에너지 소비를 줄일 수 있는 만큼 줄이고 신재생에너지를 생산함으로 결과적으로 에너지 소비가 제로인 집에서 살 수 있을 것이다.

가정에서 자체 생산 가능한 에너지는 무엇이 있을까? 빛이라는 자원이 바로 그것이다. 태양빛은 전 세계 어디를 가나 공평하게 주어지는 고마운 자원이다. 태양에너지를 사용한 방법은 두 가지가 있다. 태양열과 태양광이다. 두 개가 같은 것 아닌가 하는 분이 있을 것이다. 태양을 사용하여 에너지를 만들어낸다는 것은 같지만 에너지의 사용처가 다르다.

먼저 태양광은 전기를 만들어 준다. 태양광 발전이라고 하며 주택에서는 대부분 경사지붕에 태양광패널(태양전지 모듈)을 설치하여 전기를 생산한다. 평지붕에도 설치가능하나 구조물이 필요하므로 미관상 좋지 않을 수 있으니 설계단계에서부터 설치 위치의 고려가 필요하다. 경사지붕에 설치 시 공들여 시공한 지붕의 방수가 훼손되지 않도록 시공하는 것이 관건이다.

초기 몇 백만 원의 비용을 들여서 설치하는 것이 좋은 것인지는 가정의 전기사용량에 따라 결정하는 것이 좋겠다. 참고로 전문가들이 경제성을 고려하여 분석한 결과에 의하면 전기요금이 평균 월 7만 원 이상이면 설치하는 게 유리하다고 한다.

[경사지붕에 설치된 태양광 패널]

[뾰족집 경사지붕 태양광패널 설치 모습]

향후 설치를 고려하여 집을 지을 때 배선작업만 완료한 후 살다가 설치하는 건축주도 있다. 여름철 냉방기기의 작동으로 7월

전기요금이 기존에 50만 원이였는데 다음 해 태양광패널 설치 후 20만 원이 나왔다는 결과를 알려주기도 하였다.

태양열은 주로 유리관들이 연결되어 만들어진 시스템으로 급탕을 하는 온수발전시설이다. 태양열 설비, 태양열 급탕이라고 불리며 도시가스가 공급되지 않는 지역에서 기름보일러와 병행하여 많이 사용된다. 가정용 태양열 설비도 정부지원이 가능하나 온수가 필요한 겨울보다는 여름에 에너지가 더 많이 생산되어 필요와 공급의 시기가 어긋나서 많이 추천하지는 않는다.

[태양열 집열기]

이외에도 지열, 연료전지, 풍력 등을 이용하여 에너지를 생산할 수 있으나 아직까지는 투자 대비 큰 실효성이 없으므로 가정에 설치하기에는 시기상조라 할 수 있다.

"확인하기"

"확인하기"

저에너지 건축설계 시뮬레이션

초반 설계사무소의 계약 범위 중 마지막 단계에 저에너지 건축설계 시뮬레이션을 소개하였다. ISO 13790 기반 패시브하우스 에너지 해석 프로그램인 에너지 샵Energy#은 한국패시브건축협회의 공식 인증 프로그램으로 이 시뮬레이션의 결과로 몇리터 하우스라고 명칭이 생기는 것이다. 에너지 샵은 집의 성능을 객관적으로 정량화하여 수치로 증명시켜준다. 공직자분의 개인적인 노력으로 개발된 이 프로그램은 난방에너지를 포함한 모든 에너지를 비용으로 산출하여 올바르게 판단할 수 있는 근거를 만들어 준다. 우리에게 기준을 제시하는 저에너지 건축물 시뮬레이션은 꼭 필요한 단계라고 생각한다.

다음은 뾰족집의 에너지샵 결과이다. 난방, 냉방, 신재생에너지 등 구체적인 수치를 5페이지로 요약하여 보고서를 만들어준다. 뾰족집의 시뮬레이션 결과는 3리터이다. 이는 다시 설명하자면 1m²당 연간 3리터 등유의 연료 공급만으로 연중 섭씨 20도의 실내온도를 유지하며 건강하고 쾌적하게 살 수 있는 집이라는 뜻이다.

뾰족집은 저에너지하우스 등급으로 연간 난방 비용이 329,200원이 발생되며 연간 총 에너지 비용은 894,400원이라는 결과가 나왔다.

[에너지샵 요약보고서 1]

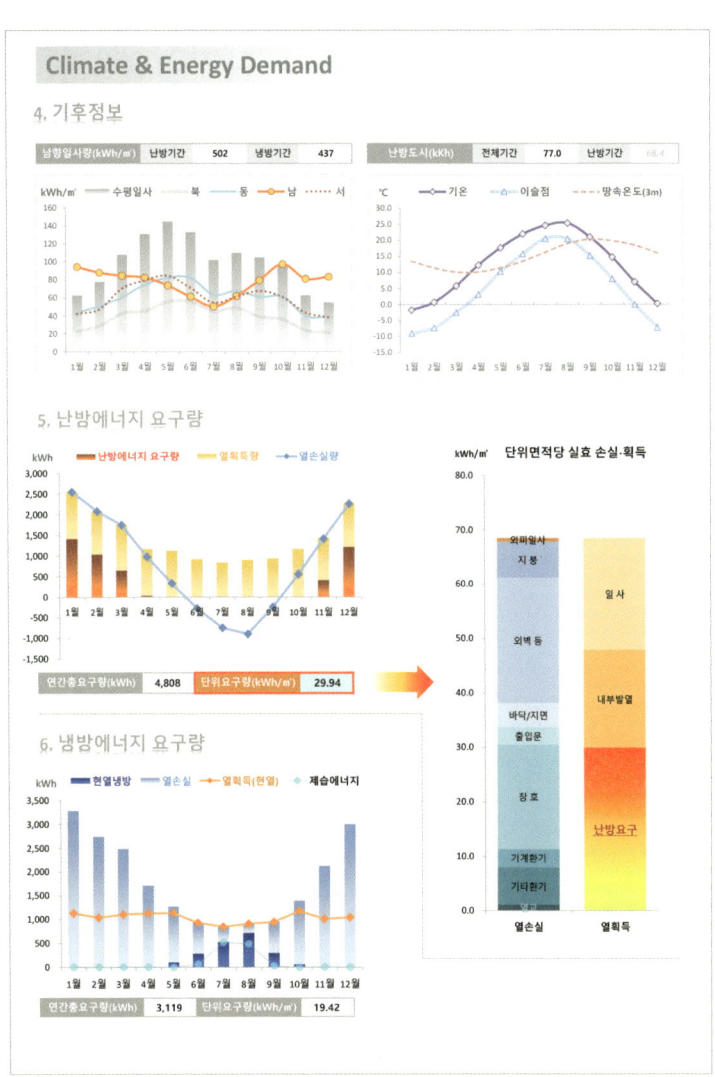

[에너지샵 요약보고서 2]

[에너지샵 요약보고서 3]

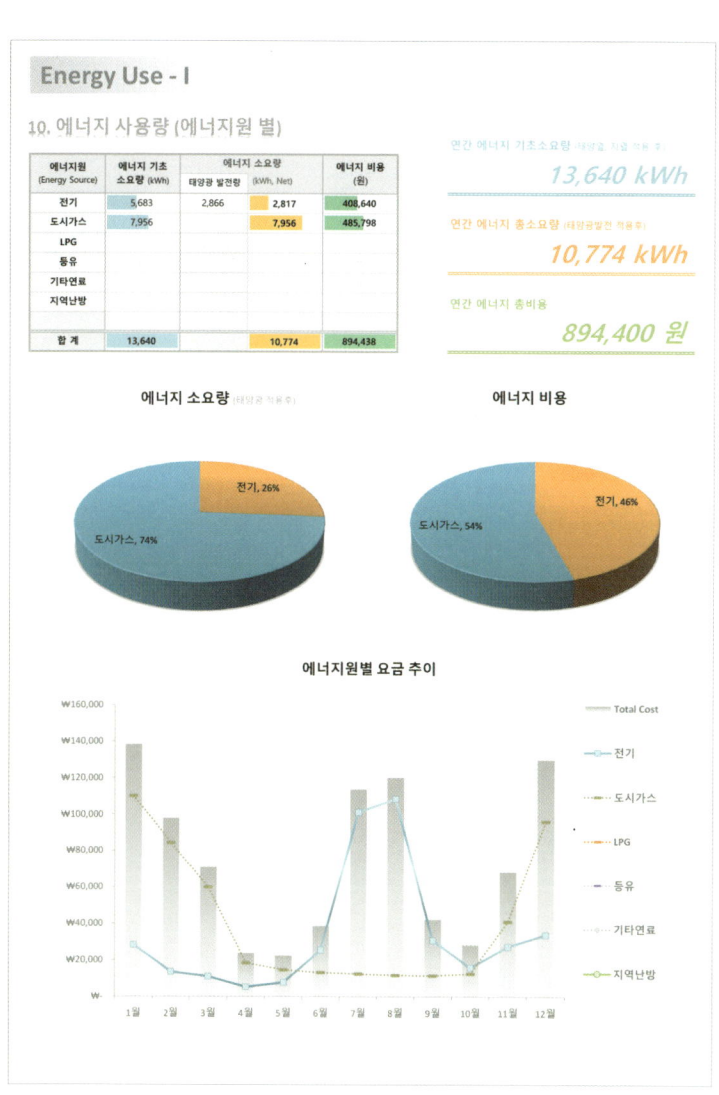

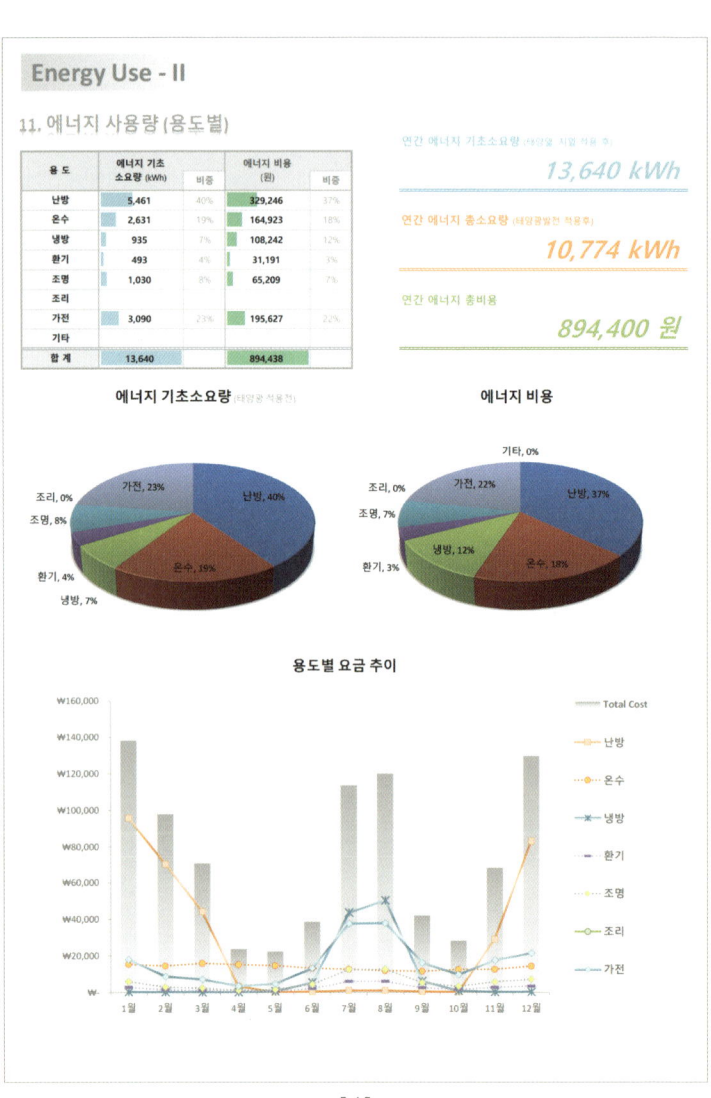

[에너지샵 요약보고서 5]

팩트체크(난방)

필자의 의심은 전국 1등이라서 저에너지 건축설계 시뮬레이션 결과의 검증이 필요하다고 생각한다. 결과가 진짜인지 비교 검토를 해봐야겠다. 한국패시브협회 인증기준으로 시행하는 저에너지 건축설계 시뮬레이션은 연중 20°C, 습도 50%를 최고의 쾌적 범위로 설정하여 진행한다. 통상 이론적으로 공기온도 20°C가 인간이 느끼는 쾌적 온도라고 하며 인증을 위해 고정된 기준이 필요하므로 온도와 습도의 기준을 정하는 것이다. 그러나 사람마다 생활방식에 따라 쾌적의 온도는 다르다. 어르신들은 공기보다는 방바닥이 절절 끓어야 따뜻하다고 느끼는 것처럼 사람마다 쾌적함을 느끼는 온도와 습도는 차이가 날 수 있다.

필자는 실질적인 실내온도 대비 에너지 비용을 산출하여 비교하기를 희망한다. 뾰족집에 거주하는 건축주는 24°C를 기준으로 생활을 한다고 하였으니 인증기준을 적용한 시뮬레이션과 똑같은 결과를 확인하기는 어렵겠다. 그래서 시뮬레이션의 기준을 변경한 결괏값이 필요하였고 실질적인 확인을 위한 것이므로 에너지샵의 기준온도를 변경하여 시뮬레이션을 다시 진행하였다. 난방온도를 24°C로 변경하여 진행한 결과 뾰족집은 4.7리터하우스로 연간 난방비용이 513,000원이 발생된다고 한다.

[에너지샵 요약보고서 - 난방온도 24℃ 설정 1]

뾰족집은 도시가스 사용이 온수와 난방만 이루어진다. 취사는 전기 인덕션을 사용하므로 도시가스 사용에서 제외되었다. 온수와 난방이 각각 어느 정도 사용하였는지는 확인이 어려우므로 시뮬레이션에서 온수비용 산정 결과를 합하여 체크해보겠다. 에너지원 별 도시가스 사용 비용은 667,000원이다.

Energy Use - I

10. 에너지 사용량 (에너지원 별)

에너지원 (Energy Source)	에너지 기초 소요량 (kWh)	에너지 소요량 대양광 발전량	(kWh, Net)	에너지 비용 (원)
전기	5,683	2,866	2,817	408,640
도시가스	7,956		7,956	485,798
LPG				
등유				
기타연료				
지역난방				
합 계	13,640		10,774	894,438

연간 에너지 기초소요량 *(태양광 적용 전 추정)*
13,640 kWh

연간 에너지 총소요량 *(태양광발전 적용후)*
10,774 kWh

연간 에너지 총비용
894,400 원

[에너지샵 요약보고서 - 난방온도 24℃ 설정 2]

온수 또한 기준값에 의해 산정된 것을 감안하여야 하며 사용자의 패턴에 의해 가감될 수 있다는 것을 염두에 두자. 뾰족집의 입주 후 1년간의 도시가스 요금을 체크해보았다.

[입주 후, 1년간의 뾰족집의 도시가스 요금][9] 단위: (원)

기간	기본료	사용료	부가세	소계
17.03.08.~17.04.07	850	168,172	16,902	185,924

17.04.08.~17.05.07	850	46,243	4,709	51,802
17.05.08.~17.06.07	850	22,474	2,332	25,656
17.06.08.~17.07.07	850	16,121	1,697	18,668
17.07.08.~17.08.07	850	9,800	1,065	11,715
17.08.08.~17.09.07	850	8,413	926	10,189
17.09.08.~17.10.07	850	6,319	716	7,885
17.10.08.~17.11.07	850	32,960	3,381	37,191
17.11.08.~17.12.07	850	115,714	11,656	128,220
17.12.08.~18.01.07	850	184,617	18,546	204,013
18.01.08.~18.02.07	850	167,755	16,860	185,465
18.02.08.~18.03.07	850	166,583	16,743	184,176
소계	10,200	945,171	95,533	1,050,904

시뮬레이션 결과와 실질적 사용가격 중 기본료와 부가세를 제외한 사용료를 비교하였더니 41.64%의 차이를 보인다. 사용자마다 생활패턴이 다르다는 것을 감안하더라도 생각보다 많은 차이를 보인다. 각 공정별로 도면대로 최선을 다해 바르게 시공하였음에도 불구하고 실질적인 난방비용의 차이는 크다. 올 겨울이 유난히 추워서 그런 거라 위안하며 일 년 주기로 다시 체크를 해봐야겠다.

---

9   코원에너지서비스
10 코원에너지서비스

시뮬레이션의 결과와 차이가 보이지만 필자가 거주하는 아파트 난방비보다 뾰족집이 더 적게나온다. 연간 100만 원 정도의 도시가스 비용이면 나쁘지 않다고 본다. 이래서 팔은 안으로 굽는다고 하나보다.

겨울을 입동(11월7일)부터 입춘(2월4일)전까지로 보았을 때 뾰족집의 도시가스 사용비용은 468,086원이며 156,029원/월로 평균을 낼 수 있다. 연간으로 살펴보면 총 945,171원이며 78,764원/월이 된다.

비슷한 조건의 단독주택과 비교해보면 어떠한 결과가 나올까 궁금하였다. 근처에 있는 주택 2곳의 도시가스 요금과 비교해 보았다.

[뾰족집과 인근 주택의 도시가스 요금 비교] [10]

단위: (원)

기간	뾰족집	판교로 A주택	서판교로 B주택
17.03.08.~17.04.07	185,924	316,061	358,510
17.04.08.~17.05.07	51,802	106,820	150,980
17.05.08.~17.06.07	25,656	33,080	85,620
17.06.08.~17.07.07	18,668	24,540	46,130
17.07.08.~17.08.07	11,715	22,200	89,980

17.08.08.~17.09.07	10,189	18,380	56,940
17.09.08.~17.10.07	7,885	16,080	28,440
17.10.08.~17.11.07	37,191	129,830	220,470
17.11.08.~17.12.07	128,220	373,430	410,200
17.12.08.~18.01.07	204,013	491,130	601,510
18.01.08.~18.02.07	185,465	487,450	614,230
18.02.08.~18.03.07	184,176	420,110	446,190
소계	1,050,904	2,439,111	3,109,200
백분율	100%	232%	296%

비교한 주택은 뾰족집보다 2배~3배 가까이 더 많은 도시가스 요금이 부과되었다. 뾰족집의 난방비가 50%이상 저렴하다. 주택 2곳의 주방이 가스렌지를 사용하였다고 가정하더라도 비용의 차이는 크다. 쾌적하고 따뜻한 집, 건강한 집에서 살면서 난방비도 절약되니 몸도 건강해지지만 경제적으로도 건강해졌다. 이보다 좋을 수는 없겠다.

팩트체크(열화상 카메라)

열화상 카메라는 온도에 따라 다른 색으로 표현하여 우리 눈으로 그 온도를 볼 수 있게 한 카메라이다. 열화상 카메라는 빛이 전혀 없는 밤이라도 열을 발생시키는 사람이나 물체 등을 쉽게 찾아낼 수 있어서 드론에 장착하여 산불감시 등 여러 분야에서 유용하게 사용되고 있다. 특수장비이다 보니 전문가들이 사용하는 것은 가격이 고가이나 근래에는 다소 저렴하게 스마트폰에 연결하여 사용할 수 있는 열화상 카메라도 보급되고 있다. 해상도 차이가 나는 것이므로 건축주의 입장에서는 스마트폰 열화상 카메라를 이용하여 공사 중간중간 직접 눈으로 확인해보는 것도 방법이겠다. 촬영을 하면 단열이 끊어져 열이 통하는 열교 부위 파악이 가능하고 기밀하지 못하여 틈새바람이 통하는 부위를 찾아 낼 수 있다. 단, 촬영 시 햇빛이 비춰지면 제대로 파악할 수 없으니 해가 없을 때 촬영하여야 한다.

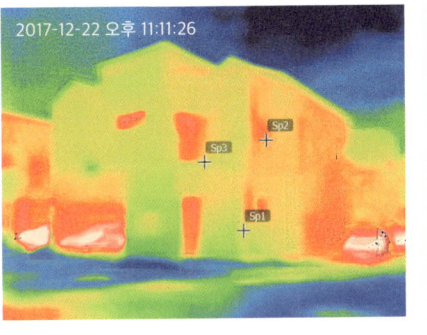

[뾰족집 열화상 카메라 촬영본]

앞의 사진은 뾰족집을 열화상 카메라로 촬영한 결과이다. 창문은 조명등의 내부 발열로 인해 온도가 높게 나왔음을 감안하여 봐야하며 차고와 주변 자동차들도 내부 발열로 색상이 빨갛다. 뾰족집의 외벽체 온도 색상은 일정하면서 낮은 온도인 것으로 열교 부위가 없다고 할 수 있다.

비교를 위해 그 주변의 다른 집들도 촬영을 해보았다. 주변 집들도 창문은 조명등 내부 발열로 인한 것이라 하지만 외벽마저도 빨간색의 높은 온도를 하고 있다는 것은 안타까운 일이라 할 수 있다. 열이 밖으로 탈출하는 집에서는 아마도 난방비를 걱정하며 살고 있을 거라 예상된다.

[뾰족집 주변 열화상 카메라 촬영본 1]

측정	
Sp1	-0.9℃
Sp2	-0.5℃
Sp3	-0.3℃

매개변수	
방사율	0.8
반사온도	22℃

지리적 위치	
나침반	0°서
위치	N 37°24' 10.87" E 127° 5' 32.56"

[뾰족집 주변 열화상 카메라 촬영본 2]

팩트체크(태양광)

가정용 태양광 발전설비를 설치하면 전기요금 정산고지서에 수전량, 잉여량, 상계량, 사용량의 용어로 나뉘어 전기사용량이 산정된다. 용어가 참으로 어렵다. 바쁜 세상 관심 없으면 대충보고 부과된 요금만 지불하겠지만 궁금증 많은 우리는 고지서를 발급하는 기관에서 사용하는 용어이니만큼 뜻을 알아보기로 하자.

태양이 있는 낮에 태양광 발전설비를 통해 획득하는 전기에너지는 바로바로 건물에서 소비된다. 이때 생산하여 소비하고 남은 것이 잉여량이다. 태양이 없는 시간대에는 획득되는 에너지가 없으므로 그때 한전으로부터 받아서 사용하는 전기의 양이 수전량이다. 그리고 당월잉여량과 전월의 이월된 잉여량을 합친 것이 상계량이다. 매달 요금을 산정하기 위한 전기의 사용량은 수전량에서 상계량을 제외하여 산정되며 수전량보다 상계량이 더 많을때는 다음 달로 이월된다.

계량기 지침보기

— 수전량: 한전에서 전기를 공급받아 한달간 사용한 전기량
— 잉여량: 태양광으로 생산한 전력을 사용 후 남은 전기량
— 상계량: 당월 잉여량 + 전월 이월 잉여량
— 전기 사용량: 수전량 - 상계량

용어의 뜻은 일단 알겠고, 태양광 패널의 설치비가 정부지원금을 받고 약 4~500만 원 정도인데 어느 정도의 기간이 지나야 설치비용이 회수되고, 얼만큼의 전기요금 절감 효과가 있는지 확인이 필요하다. 뾰족집의 1년간 전기사용량 산정내역을 체크해보겠다.

태양이 있는 낮에 태양광 발전설비를 통해 획득하는 전기에너지는 바로바로 건물에서 소비되어 산정이 어려우므로 ±0로 보겠다.

[입주 후, 1년간 뽀족집의 전기계량기 지침] [11]

단위: kWh

기간	수전량	잉여량	상계량
17.03.08.~17.04.07	243	180	63
17.04.08.~17.05.07	261	289	-28
17.05.08.~17.06.07	258	305	-47
17.06.08.~17.07.07	296	234	62
17.07.08.~17.08.07	388	136	252
17.08.08.~17.09.07	459	0	459
17.09.08.~17.10.07	393	0	393
17.10.08.~17.11.07	322	149	173
17.11.08.~17.12.07	337	139	198
17.12.08.~18.01.07	380	130	250
18.01.08.~18.02.07	260	115	145
18.02.08.~18.03.07	213	96	117
소계	3,810	1,773	2,037
백분율	100%	46.54%	53.46%

중간에 잉여량이 0인 두 달은 지붕에 설치된 태양광패널의 전기 연결코드가 빠져서 발전설비가 가동되지 않았다. 냉방기기 등 가장 많은 전력이 필요한 시기여서 건축주분의 가슴은 찢어졌

[11] 한국전력공사

으리라 예상된다. 두 달 동안 발전설비의 가동이 되지 않았어도 1년간 태양광 설비로 획득된 전기량은 총 사용량의 47%를 차지한다. 전기코드가 빠졌던 두 달을 제외하면 60%를 차지하므로 긍정적인 결과라 볼 수 있다.

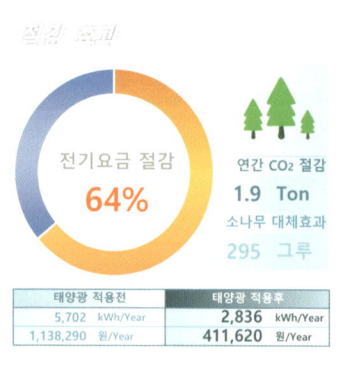

[뽀족집 태양광 설비 시뮬레이션 결과]

저에너지 건축설계 시뮬레이션에서 분석한 결과 뾰족집은 64%의 전기요금 절감효과를 기대할 수 있으며, 설치비용의 회수기간은 6.2년이라고 한다. 이 정도이면 태양광설비의 설치는 선택이 아닌 필수라고 본다.

초반에 언급한대로 쾌적하고 따뜻한 집, 건강한 집을 짓는 것은 어렵고 불가능한 일은 아니다. 다만 그 집을 만드는 과정에 관계되어 있는 건축주를 비롯한 모든 사람들이 귀찮아서 못 본 척, 알면서도 모른 척만 안하고 정석대로 임하면 모든 건축주들은 10년 젊어지는 집짓기를 할 수 있을 것이다.

에필로그

"기본에 충실한 집, 알고 보면 어렵지 않습니다."

토지매매부터 설계, 시공까지 과정을 살펴본 후 어떠한 생각이 드는지 궁금하다. 아마도 '생각보다 어렵지 않네!'라고 할 것 같다. 그렇다. 사람이 사는 집이니 기술적인 전문가는 있어도 집에 대한 전문가는 모두가 될 수 있다. 모두가 알고 있는 것처럼 집 짓기 또한 기본에 충실하면 쾌적하고 따뜻한 집, 건강한 집을 지을 수 있다. 어쩌면 너무 쉬워서 시시하다고 생각할지도 모르겠다. 이 책은 초반에 밝혔듯이 문맥을 이해하기 어려운 어린아이를 제외한 가족 구성원 중 누가 읽어도 고개를 끄덕일 수 있도록 하는 것에 목적을 두었다.

집짓기에 대해 전반적인 과정과 그 과정 속에서 염두에 두어야 할 점들을 쉽게 설명한 책이니 자세한 내용이 궁금하다면 더 전문적인 서적과 정보에서 그 갈증을 해소하길 바란다.

집을 지으려는 예비 건축주들이 이 책을 읽고 여유롭게 기다림의 과정을 즐기며 선택에 있어서는 자신의 판단을 믿으며 자신감 있게 집짓기를 진행하길 바란다.

기본에 충실하는 것은 어려운 일이 아니다. 다소 조금은 귀찮고 번거롭고 불편할 수는 있다.

기본에 충실한 하자 없는 집, 쾌적하고 따뜻한 집, 건강한 집에서의 삶이 당신을 10년 젊어지게 하여 향후 당신의 삶에서 가장 잘한 일 중 하나라고 회고하길 기대해본다.

책 제목	단독주택 난방비 월 7만 원대, 이거 실화냐?
부제	따뜻하고 쾌적한 집, 건강한 집, 패시브하우스는 언제나 옳다.
지은이	서유나, 임상우
초판 2쇄 인쇄	2020년 9월 1일
초판 2쇄 발행	2020년 9월 1일
출판등록	2010년 8월 27일
등록번호	제 321-2010-000175호
펴낸이	김영덕
펴낸곳	도서출판 우리북
주소	서울시 서초구 양재동 265-10번지
전화번호	02-3463-2130
팩스	02-3463-2150
이메일	kyd2130@hanmail.net
홈페이지	http://ooribook.com
편집 및 디자인	126(http://studio126.kr)
간지 일러스트	고보관(www.grafolio.com/wlwsmsro)
가격	12,900원
ISBN	979-11-85164-28-1

© 2018 도서출판 우리북.
이 책의 저작권은 우리북에 있습니다. 저작권법에 따라 한국 내에서 보호를 받는 저작물이므로 어떤 형태로든 무단 전재와 복제를 금합니다.

Copyright © 2018 by WOORIBOOK, Ltd.
The Copyrights of this book are owned by WOORIBOOK, the Publisher. Materials from this book are protected by copyright law and no part of this book may be used or reproduced in any manner whatsoever.

파손 및 잘못 만들어진 책은 교환해드립니다.

Broken and misplaced books will be exchanged.